493

Merve Verlag

Félix Guattari

Eine Liebe von UIQ

Drehbuch

Aus dem Französischen von Stefan Pethke

Merve Verlag

Deutschsprachige Erstausgabe

Originalausgabe: © Paris 2012, Éditions Amsterdam.

Die einleitenden Texte sowie das Nachwort wurden von Marie Beckmann und Tom Lamberty übersetzt. Als Vorlage für das Nachwort diente die englischsprachige Ausgabe von © Univocal Press, Minneapolis 2016.

Printed in Germany
Druck- und Bindearbeiten: Alfa print, Martin
Umschlagentwurf: Jochen Stankowski, Dresden
Redaktorat: Marie Beckmann, Tom Lamberty, Paris, Leipzig
ISBN 978-3-96273-049-9
www.merve.de

Inhalt

EINE LIEBE VON UIQ

SYNOPSE

> Man fragt sich immer, ob es nicht Leben oder Intelligenz auf anderen Planeten geben könnte, irgendwo in den Sternen ... aber nie stellt man sich Fragen über das unendlich Kleine ... vielleicht kommt es ja aus einer Richtung, einem Universum, das noch kleiner als Atome, Elektronen und Quarks ist ...

So leitet AXEL, ein junger Biologe Anfang zwanzig, die Beschreibung seiner jüngsten aufregende Entdeckung ein, die er JANICE (eine Studienabbrecherin im selben Alter) zeigen will.

Doch sobald die Apparatur aufgebaut ist, die einen dauerhaften Kontakt mit dieser mysteriösen Wesensform herstellen soll, taucht ein schwerwiegendes Problem auf – ein Problem, das schon zum Misslingen früherer Experimente von Alex geführt hat: obwohl es unendlich klein ist, ist dieses Universum in der Lage, gravierende Störungen drahtloser Hertz'scher Kommunikationssysteme zu verursachen!

Das löst eine ganze Reihe spektakulärer Erschütterungen rund um den Erdball aus, eine Situation, die sich erst wieder stabilisiert, nachdem es den Kommunardïnnen eines besetzten Hauses gelingt, mündlichen Kontakt mit jener Wesensform aufzunehmen, für die sie den Namen UIQ (Universum Infra-Quark) gefunden haben. Darauf folgt eine Phase, in der sich die beiden unterschiedlichen Welten miteinander austauschen und voneinander lernen. Auch wenn es der kleinen Besetzerïnnenbande auf diese Weise gelingt, sich ihrerseits außergewöhnliche Kenntnisse und Aktionspotenziale anzueignen, so erweist sich der Kontakt mit der Menschheit für das Infra-Quark Universum mit seiner überlegenen Intelligenz als nicht sonderlich bereichernd. Es erfährt im Gegenteil durch die Entdeckung der »Liebe« in seiner sich vertiefenden Beziehung zu Janice einen Schock, der in eine Katastrophe münden wird – eine Entdeckung, die den gesamten Planeten auf den Kopf stellen und umformen wird.

Im Unterschied zu herkömmlichen Science-Fiction Vorlagen haben wir es hier mit einem Universum zu tun, dass sich, obwohl es allmächtig und über die Maßen intelligent ist, als vollkommen hilflos erweist, wenn es mit der menschlichen Wirklichkeit konfrontiert wird, mit Schönheit, Sinnlichkeit, Eifersucht und Liebe ... Das führt zur Erschaffung einer völlig neuen Gestalt, einer mannigfaltigen Wesensform, die die Vorstellung von Individualität an sich in Frage stellt.

Auch wenn sich dieses Drehbuch oberflächlich als comicartige Bildgeschichte lesen lässt, so wirft es auf einer anderen Ebene philosophische, psychoanalytische oder sogar psychiatrische Fragen auf. Und nicht zuletzt verleiht es einer Reihe spekulativer Hypothesen über den Zustand unserer Welt ihren bildlichen Ausdruck.

Félix Guattari

PRÄAMBEL

Ich bin Autor und Psychoanalytiker, und Leiter einer psychiatrischen Klinik, an der die Methoden der »psychothérapie institutionnelle« zur Anwendung kommen.

Jetzt würde ich gerne einen, jedenfalls dem Anschein nach, Science-Fiction Film drehen. Das bedarf zweifelsohne einiger erläuternder Worte.

Eine Liebe von UIQ, wofür ich das Drehbuch geschrieben habe, ist weder ein autobiografischer noch ein Essay-Film, obwohl er in engem Bezug zu meinem Verständnis der Psychoanalyse steht.

Meine jahrelange praktische Erfahrung mit der psychotherapeutischen Behandlung von Psychosen hat mich dazu gebracht, tradierte Definitionen des Unbewussten, die es als einen von den Feldern des Sozialen bzw. der künstlerischen Kreativität abgetrennten, allein Spezialisten zugänglichen Bereich der Psyche ansehen, in Frage zu stellen. Mir scheint ganz im Gegenteil, dass das Leben des Unbewussten mit den Mitteln der Deutung und Analyse, die uns den Zugang zu ihm ermöglichen, untrennbar verbunden ist. Diese Mittel unterliegen ihrerseits einer stetigen Weiterentwicklung und werden insbesondere durch die Neuerungen der modernen Informations- und Kommunikationstechnologie diversifiziert und erweitert.

Der entscheidende Punkt am analytischen Verfahren besteht für mich daher darin, eine originäre Ausdrucksform zu finden, eine spezifische Kartographie, die der singulären Gestalt einer subjektiven Problematik gerecht wird.

Auf eine bestimmte Art und Weise ist dieser Film für mich eine Form der Selbstanalyse. Die intensive Arbeit an verschiedenen Drehbuchversionen bedeutete an sich schon eine analytische Erfahrung, die ich prozessual nennen würde. Das Drehbuch nun mithilfe von Filmexperten und unter der Beteiligung von Künstlern wie dem Maler Matta oder dem Komponisten Ryūichi Sakamoto auf die Leinwand zu bringen, würde es mir möglich machen, diesen Prozess fortzusetzen. Dabei ist mir insbesondere die kollektive Arbeit zur Herstellung »neuer Bilder« wichtig. Das Kino stellt ein besonderes Instrument zur Erzeugung von Subjektivität dar. Seine enge Beziehung zur Psychoanalyse ist bis heute komplex geblieben und nicht selten konfliktbehaftet. Es gibt Filme über die Psychoanalyse und zu psychoanalytischen Fragestellungen ebenso wie das Bedürfnis, Filme, oftmals in übergriffiger Weise, aus psychoanalytischer Sicht zu interpretieren.

Viele Semiotiker glauben, die Mechanismen des Unbewussten mithilfe filmischer Techniken erklären zu können. Doch nur selten fanden Psychoanalytiker die Gelegenheit, sich selbst auszudrücken, indem man ihnen die Chance gab, einen Film zu produzieren.

Genau das ist das Experiment, das ich mir vorgenommen habe, nicht nur was die Erzählebene des Films und seine psychologischen Inhalte angeht, sondern gleichermaßen hinsichtlich der Struktur der Wahrnehmungen und Affekte, die in jeden Produktionsschritt eingewoben ist.

Félix Guattari

Mit diesem Film möchte ich ein Theorem zum gegenwärtigen Status der Subjektivität untersuchen, welches besagt, dass diese aus zwei unterschiedlichen Komponenten besteht, die sich stets wechselseitig durchdringen:

1) Eine »Ego« Subjektivität, die sich an einzelnen Figuren, die in einer Art Kommune leben, herauskristallisieren lässt, welche sich, obwohl sie auf den ersten Blick ganz normal erscheinen, als Schiffbrüchige einer neuen Art von zugleich präsenter wie auch potenzieller, imaginärer und realer kosmischer Katastrophe verstehen lassen, und deren momentane Präsenz ihre Kraft einzig aus der Fähigkeit schöpft, die Zukunft jeglicher Konsistenz ins Leere laufen zu lassen. Diese Katastrophe korrespondiert wiederum mit verschiedenen Phasen meiner eigenen Affektentwicklung, mit einer bestimmten, in Aufhebung befindlichen »Objektwahl«: Kind-Werden, Frau-Werden, Tier-Werden, Mannigfaltigkeit-Werden, Unsichtbar-Werden.

Ich bitte die Mitglieder der Kommission von vornherein zu bedenken, das gewisse thematische Elemente, auch wenn sie grundlegend sind, beim Verfassen eines Drehbuches wie dem vorliegenden nur grob angerissen werden können. Das betrifft etwa die Hauptfigur, zu der die Kommune selbst wird, deren Formgebung eine besondere stilistische und räumliche Vorgehensweise erfordert, die sich erst während der Dreharbeiten und der Mise en Scène ergeben wird. An dieser Stelle zeigt sich, vielleicht mehr als in jedem anderen Bereich, die dem Bild, dem Imaginären und der spezifischen Kreativität des Ereignisses innewohnende Unzertrennbarkeit.

2) Eine maschinische Subjektivität – hyperintelligent und zugleich hoffnungslos infantil und regressiv – die sich in einem Gebilde namens UIQ, Universum Infra-Quark [Univers Infra-quark] manifestiert, das weder eindeutig abgrenzbar ist noch eine konsistente Figur darstellt, und keine klare psychologische oder sexuelle Ausrichtung besitzt. Das Eindringen dieser Dimension eines »maschinischen« Unbewussten in die gewöhnliche Subjektivität wird allerlei Verwerfungen hervorrufen.

Die solcherart erzeugte Dramatik verläuft parallel zu der, die unsere Gesellschaften zurzeit erfahren, in denen das Aufkommen computerisierter Denk-, Empfindungs-, Vorstellungs- und Entscheidungsvermögen, und die Digitalisierung einer wachsenden Zahl materieller und geistiger Verfahren nicht immer einfach mit jenen Existenzbereichen in Einklang zu bringen ist, die unsere Endlichkeit und unseren Daseinswunsch ausmachen. Im Film gelangt dieser Konflikt mit dem dramatischen Fehlschlag von UIQs Versuch sich im Körper von Bruno zu inkarnieren zu einem Höhepunkt.

Doch letzten Endes dient diese völlige Ausweglosigkeit in Bezug auf die Frage nach der Endlichkeit und der Singularität nur dazu, etwas zu illustrieren, was sich für die klassische Psychopathologie von selbst versteht, nämlich dass eine psychotische Liebe ihre Andersheit niemals dauerhaft an eine stabile Identität binden kann, nicht einmal an einen Prozess der Stabilisierung einer wie auch immer gearteten Identifikation.

Ist jene ungeheuer intelligente Software und molekulare Supermacht namens UIQ also dazu bestimmt aus der Spur ihrer existenziellen Avatare zu geraten, so wie eine Nadel, die über eine zerkratzte Schallplatte schlingert oder die eggenartig angeordneten Nadeln der Maschine in Kafkas Strafkolonie, die die Haut des Verurteilten abschaben?

Als Heldin des Films, die selbst dafür gesorgt hat, dass sie in das inzestuöse Spiel eines Übergangs zur Transzendenz mit hineingezogen wurde, ist sie jetzt dazu verdammt bis in alle Ewigkeit jenseits des Bereiches menschlicher Kommunikation und Affekte vor sich hin zu vegetieren.

Wer ist für diese Schlusstragödie verantwortlich?

Da sich nichts im Vorhinein festlegen lässt, bleibt diese Frage in Wahrheit, jedenfalls was unsere gegenwärtige Welt anbelangt, vollkommen offen. Alles könnte umgeschrieben werden, wie das Tagebuch belegt, dass der aalglatte Journalist und Autor Fred führt – ein Tagebuch, dessen Manuskript von einer der Supermächte wie eine Reliquie in einem gepanzerten Tresorraum aufbewahrt wird –, denn mit jeder neuen Lektüre werden seine Aussagen revidiert, ändern sich die Bedeutungen seiner Sätze.

Der Text, der mit der Kneifzange angefasst werden will, erinnert an Marie Curies Tagebuch, das – wie seine Autorin – in einem solchen Maße verstrahlt wurde, dass es jemanden, der es ohne Schutzvorkehrungen lesen wollte, auch heute noch tödlich kontaminieren würde.

»Gebt uns unseren Tod zurück« könnte ein alternativer Titel für diesen Film lauten. Und doch: nein! An wen sollte sich eine solche Forderung richten? Nie wird derselbe Adressat auf deinen Aufruf antworten!

Félix Guattari

HAUPTROLLEN*

AXEL

Ungefähr 30-35 Jahre. Deutscher Herkunft. Ein schräger, unberechenbarer Charakter. Immer irgendwo »anders«. Biologe und zugleich Amateurakrobat; Axels Körper erinnert – wenn er ihn dem Himmel entgegenreckt – an die Art und Weise, in der sich UIQ den Menschen zuwendet.

FRED

In seinen Vierzigern. Amerikaner, Journalist für alle Fälle. Im ersten Teil des Films nehmen wir ihn als Handlanger diverser dunkler politischer Mächte wahr, die alle undeutlich bleiben, aber wie im richtigen Leben, macht sein Verhalten alles klar.

Im Verlauf des Films wird er zu einer Art Zeuge der gegenwärtigen Ereignisse, genauer gesagt, einer Gegenwart, in der sich die Zukunft zeigt.

JANICE

Circa 20-25. Nicht gerade, was man eine Schönheit nennt. Eher gesetzt, gediegen, mysteriös und irgendwie aristokratisch, was auf ihre italienische Herkunft hindeuten könnte, archaische Wesenszüge, die in ihrem Fall einen Hang zum Absoluten zum Ausdruck bringen. Auf den ersten Blick wirkt sie wie die prototypische

* Es existieren verschiedene Beschreibungen der Hauptprotagonisten des Films, die sich in Bezug auf deren Alter, Nationalität, Widersprüchlichkeiten, etc. unterscheiden. Wir haben hier die aktuellste Fassung ausgewählt, die 1997 dem CNC vorgestellt wurde und aus unserer Sicht dem Duktus der letzten Drehbuchversion am ehesten entspricht.

Elle-Frau, allzeit bereit, ihre Gefühls- und Beziehungsprobleme zu lösen, indem sie mit dem erstbesten Typen ins Bett steigt.

MANU
7 oder 8 Jahre alt. Man weiß nicht, woher sie kommt. Manu findet eigene Wege, um sich jenseits der Sprache auszudrücken. Sie wirkt seltsam altklug und selbstsicher.

ROBERT
Eine Art rundum erneuerter Jean Gabin. Leutselig, cholerisch, machohaft, hat früher als Koch auf einem Atom-U-Boot gearbeitet. Wenn für Stein »eine Rose eine Rose ist«, dann gilt für Robert, dass »ein Omelett ein Omelett ist«. Punkt. Schluss. Aus! Nichts hielte ihn davon ab, den Dingen auf den Grund zu gehen, doch sie interessieren ihn einfach nicht. Die Natur ist, was die Natur tut, und er könnte genauso gut Sex mit Janice haben wie mit Erik, ihm wäre das egal! Der Orgasmus bleibt sich gleich. Warum also ein großes Gewese darum machen!

STEVE
In seinen Vierzigern. Afroamerikaner. Eleganter Typ. Ein ehemaliger NASA-Ingenieur, der inzwischen für eine Datenanalyse schwer auffindbare Dokumente zu Dostojewski sammelt.

ERIK
Däne. Zugleich gewalttätig und unglaublich sanftmütig. Schizoid. Mit einem außergewöhnlichen Vorstellungsvermögen begabt, stellt er in gewisser Weise das Alter Ego von Janice dar.

FRANCIS und DOMINIQUE
Phantasmatische Projektionen von Erik, die jederzeit auftauchen können, und seiner Vorstellungskraft einen konkreten Ausdruck verleihen.

ANTON und MICHAELA
Um die 14. Sie haben ihre Heimatstadt in der Provinz auf der Suche nach dem American Dream verlassen, den sie auf die Großstadt projizieren.

Äußerlich gleichen sie Allerweltsteenagern der Generation Fastfood: Hamburger essen, Lederjacken und astronautenartige Motorradhelme tragen, hypermoderner Jargon, der sich bewusst am amerikanischen Slang orientiert, Madonna-Poster an der Wand, etc. Sie arbeiten für einen Motorrad-Lieferservice und tragen Walkie-Talkies mit sich herum. Prekär beschäftigt, schwarzarbeitend, scheinen sie die einzigen zu sein, die Kontakt zur Außenwelt haben. Für die »Outsiderin« UIQ sind sie vollkommen undurchschaubar.

All das soll die Folgen eines artifiziellen Lifestyles, der nur Vorbildern aus der Werbung nacheifert, aufzeigen. Adrett und freundlich, und dabei komplett hohl. Eines Tages werden sie bestimmt hinter einem Empfangstresen landen. Sie sind ahnungslos, aber das Publikum weiß Bescheid!

JENNIFER
Sie wirkt alterslos. Irgendwas zwischen 60 und 35. Ihr Gesicht ist von den Jahrhunderten gezeichnet. Ihr Schweigen gleicht einer, die nicht um ihr eigenes Wissen weiß.

Eurasierin. Ihre bloße Anwesenheit macht in gewisser Weise klar, dass die Existenz der »Kommune« [communauté] einen Punkt markiert, von dem aus es kein Zurück mehr gibt. Jennifer ist jenseitig. In gewisser Weise sogar jenseits von UIQ. Wir werden nicht viel von ihr mitbekommen. Meistens hören wir nur ihre unnachahmliche Stimme. Wie sie einen wortlosen, sanften, gutturalen Gesang anstimmt, von dem man in eine mysteriöse Ruhe versetzt wird.

Könnte sein, dass Janice diesen Gesang hört, wenn sie zur Unsterblichkeit verurteilt wird.

BRUNO

Enigmatisch und emblematisch. Man stelle sich vor, dass Gott mit der Welt Kontakt aufnehmen will, und dazu eine menschliche Gestalt annimmt ...

UIQ (das Infra-Quark Universum)

Im Unterschied zu herkömmlichen Science-Fiction Vorlagen haben wir es hier mit einem Universum zu tun, dass sich, obwohl allmächtig und über die Maßen intelligent, als vollkommen hilflos erweist, wenn es mit der menschlichen Wirklichkeit konfrontiert wird, mit Schönheit, Sinnlichkeit, Liebe ...

Das führt dann schon mal zu infantilen Regressionsschüben, die kleinbürgerlichen Reaktionsweisen wie Eifersucht, Neid oder Unterdrückung ähneln.

Félix Guattari

UIQ: FÜR EIN INFRA-QUARK KINO (ODER EIN UNMAKING-OF)

Silvia Maglioni und Graeme Thomson

I. CHAOSMOTISCHE IN(FRA)FERENZEN

> Stellen wir uns eine autopoietische Entität vor, deren Teilchen aus Galaxien gebildet würden. Oder umgekehrt, eine sich in der Größenordnung von Quarks zusammensetzende Kognitivität. Ein anderes Panorama, eine andere ontologische Konsistenz. [...]
>
> Das aufsteigende, atmosphärische, pathische, fusionelle, transitivistische Selbst kennt die Gegensätze Subjekt-Objekt, Ich-Andere und selbstverständlich männlich-weiblich nicht. [...]
>
> Hier ist also eine Entität, ein unkörperliches Ökosystem, dessen Sein nicht von außen sichergestellt ist, das in Symbiose mit der Alterität lebt, zu deren Hervorbringung es selbst beiträgt [...].[1]

Alles kann umgeschrieben werden, wie das Tagebuch belegt, dass der aalglatte Journalist und Autor Fred führt – ein Tagebuch, dessen Manuskript von einer der Supermächte wie eine Reliquie in einem gepanzerten Tresorraum aufbewahrt wird –, denn mit jeder neuen Lektüre werden seine Aussagen revidiert, ändern sich die Bedeutungen seiner Sätze.

Der Text, der mit der Kneifzange angefasst werden will, erinnert an Marie Curies Tagebuch, das – wie seine Autorin – in einem solchen Maße bestrahlt wurde, dass es jemanden, der es ohne Schutzvorkehrungen lesen möchte, auch heute noch tödlich kontaminieren würde.[2]

Was steckt alles in einem Satz? Als wir 1995 zum ersten Mal Guattaris *Chaosmose* in englischer Übersetzung lasen, und uns mit dem Zugang zu einer Terminologie schwertaten, die uns zunächst wie aus den technotopischen Verheißungen einer Cyberpunkstory entlehnt vorkam, sind wir ziemlich schnell über das dichte Unterholz dieser Prosa hinweggegangen, bzw. haben es ahnungslos niedergetrampelt. Immer auf der Suche nach der »alles übergreifenden These« Guattaris haben wir seinen einzelnen Formulierungen damals keine besondere Aufmerksamkeit geschenkt. So viel zum Thema Singularitäten. Zwanzig Jahre später treffen uns einige dieser Sätze allerdings mit der vollen Wucht und Tiefe der in ihnen gebündelten Energien und Resonanzen, als ob in die Wörter des Textes mehrere Dimensionen eingefaltet wären, wie die Voluten einer Calabi-Yau-Mannigfaltigkeit, die sich, vielleicht aufgrund ihrer Instabilität oder Inkompatibilität zu den Kräfteverhältnissen des bestehenden Universums, nur schwer auf- oder in eine Wirklichkeit entfalten lassen.

Eine Gelegenheitsleserïn oder auch jemand mit wissenschaftlichem Interesse an *Chaosmose* wird Guattaris Bezugnahmen auf Astronomie, Mikrobiologie und Teilchenphysik wahrscheinlich auf die große Bandbreite seiner Interessen, seine eklektischen Lektürevorlieben und seine facettenreiche, transversale Denkweise zurückführen. Man würde erst einmal nicht auf den Gedanken kommen, dass sich hinter diesen Aspekten noch eine völlig andere Trajektorie des Werdens und Begehrens verbirgt, die eine Zusammenarbeit mit einem der radikalsten unabhängigen amerikanischen Filmemacher einschließt, einen Flirt mit Hollywood, und sieben Jahre an Gesprächen, Briefen, Notizen und Textentwürfen, die schließlich in drei Versionen eines Science-Fiction Drehbuchs, *Eine Liebe von UIQ*, münden sollten, das zwar nie verfilmt wurde, doch dessen Spuren sich punktuell im gesamten Spätwerk Guattaris wiederfinden, aber auch, so ließe sich argumentieren, in den Tropen des nachfolgenden Science-Fiction Kinos, – eine These, auf die wir noch zurückkommen werden.

UIQ, *l'Univers Infra-quark*, das Infra-Quark Universum, die formlose Intelligenz, die im Zentrum (und am Rand) von Guattaris Drehbuch steht, ist eindeutig das Wesen, das hinter der »sich in der Größenordnung von Quarks zusammensetzende[n] Kognitivität« steckt, die wir, fast beiläufig, im Kapitel zur »maschinischen Heterogenese« finden. Das passt genau zu dem für den Film vorgesehenen Erzählbogen, nach dem wir uns das UIQ so vorstellen können, dass es, nach dem missglückten Versuch eine sichtbare menschliche (und filmische) Form anzunehmen, in seinen angestammten Bereich des Unsichtbaren und Unwahrnehmbaren zurückkehrt. Doch wenn man sich das »andere Panorama«, auf das *Chaosmose* anspielt, aus dem besonderen Blickwinkel des Lichtes, das aus der unwiederbringlichen Vergangenheit strahlt und dank abgedunkelter Archivfenster nur schwächlich (UIQ-haft) von der Oberfläche schlecht kopierter, durch einen lapidaren Copyrightvermerk von jeder weiteren Nutzung ausgeschlossener Typoskripte widerscheint, anschaut, dann könnte es sich in der Vorstellung der Lesenden untrennbar mit dem Gedanken an ein Stativ oder einen Dolly verbinden, die es ganz konkret umsetzen würden, in einen neuen Horizont, den es für Guattari zu entdecken gilt. Und so würden viele von Félix' Freunden bestätigen, dass er immer schon ein Filmemacher sein wollte.

Bei genauerer Lektüre des Drehbuches für UIQ stellt sich natürlich heraus, dass sich aus dem Gespür für dieses »andere Panorama« eine völlige Neubestimmung der Kinomaschinerie an sich ergeben hätte, gespeist von Guattaris Erfahrungen als Schizoanalytiker, seiner jahrelangen Zusammenarbeit mit Deleuze bei Entwurf und Niederschrift ihres Mammutwerks *Kapitalismus und Schizophrenie*, seiner Beteiligung an der italienischen Autonomia und der Geburtsstunde der Freien Radios, die politischen Keimzellen für das, wie er es nennen sollte, postmediale Zeitalter, von seiner Leidenschaft für das Transversale und Infra-Disziplinäre, und erst recht von seiner Rolle bei den Experimentalfilm- und Theaterworkshops in La Borde. Als jemand, der sich außerhalb der Codes der Filmindustrie bewegte, konnte er eine grundlegend andere Vorstellung maschinischer Arrangements für das populäre Kinos entwickeln, die nicht nur die komplexen audiovisuellen Techniken, Effekte und Affekte betraf, sondern auch, vielleicht noch wichtiger, die Produktions- und Distributionsformen.

II. Cine-bacteria

> Nehmen wir ein einfaches Beispiel, ein Patient bleibt im Verlauf einer Kur in seinen Problemen blockiert, läuft leer, bleibt in einer Sackgasse stecken. Eines Tages sagt er, ohne dem zu viel

Bedeutung beizumessen: »Ich habe daran gedacht, wieder Fahrstunden zu nehmen, weil ich seit Jahren nicht mehr Auto gefahren bin«; oder: »Ich habe Lust, Textverarbeitung zu lernen.« Diese Art von Absicht kann in einer klassischen Konzeption der Analyse unbemerkt bleiben. Dennoch kann eine solche Singularität ein Auslöser für ein komplexes Ritornell sein, das nicht nur das unmittelbare Verhalten des Patienten verändern, sondern ihm auch neue Virtualitätsfelder öffnen wird: die Wiederaufnahme des Kontakts mit Personen, die er aus den Augen verloren hatte, die Möglichkeit, an Beziehungen zu früheren Landschaften wieder anzuknüpfen, wieder neurologische Selbstsicherheit zu erlangen ... Hier würde sich eine zu strenge Neutralität, eine Nicht-Intervention des Therapeuten negativ auswirken; es kann notwendig sein, die Gelegenheit beim Schopf zu packen, zuzustimmen, das Risiko einzugehen sich zu irren, das Schicksal herauszufordern, zu sagen, »ja stimmt, diese Erfahrung ist vielleicht wichtig«. Auf das Ereignis als eventuellen Träger einer neuen Konstellation von Referenzuniversen zu setzen.[3]

Viele Semiotiker glauben, die Mechanismen des Unbewussten mithilfe filmischer Techniken erklären zu können. Doch nur selten fanden Psychoanalytiker die Gelegenheit, sich selbst auszudrücken, indem man ihnen die Chance gab, einen Film zu produzieren.

Genau das ist das Experiment, das ich mir vorgenommen habe, nicht nur was die Erzählebene des Films und seine psychologischen Inhalte angeht, sondern gleichermaßen hinsichtlich der Struktur der Wahrnehmungen und Affekte, die in jeden Produktionsschritt eingewoben ist.[4]

Die Story von UIQ ist Science-Fiction *pur*: Sie beginnt für uns mit einem scheinbar leblosen Objekt, einer Kladde, vergraben in einem abgelegenen Archiv, meilenweit entfernt von aller Zivilisation, und doch geht von ihr eine seltsame Kraft aus, die ein unheimliches fluoreszierendes Licht absondert, ein Energiefeld, das alle kontaminieren wird, die es zu Gesicht bekommen, ein Licht, das unter die Haut geht und sich bis ins Gehirn vorarbeitet, in den neuronalen Netzen einnistet und sich durch schiere Willensstärke im Entscheidungszentrum festsetzt.

Zumindest könnte Guattari es sich so ausgemalt haben. Das ist sicherlich der Effekt, den er sich von dem Skript wünschte, als er es 1987 der Auswahlkommission am Centre National de la Cinématographie vorstellte, darauf setzend, dass er *Eine Liebe von UIQ* mit staatlicher Unterstützung produzieren könne.

Natürlich war die Vorstellung, dass ein militanter Denker wie Guattari eine staatliche Förderinstitution überzeugen könne, einen Science-Fiction Film zu finanzieren, einen Film, bei dem Guattari selbst, ohne jedwede Filmerfahrung (in Ermangelung einer Filmographie zählt der dem Antrag beigefügte Lebenslauf als Referenzen seine polizeiliche Überwachung während des Algerienkrieges, seine Beteiligung an den 1977er Aufständen in Bologna und seine Verbindungen zu den italienischen Aktivisten der Autonomia wie Toni Negri und Franco Piperno auf) Regie führen sollte, ziemlich klar *für sich* schon pure Science-Fiction.

Ganz zu schweigen vom Pitch für den Film, den er in seine Regie-Präambel eingebaut hatte, – und in dem er Ziele formulierte, wie etwa die Potenziale des Kinos als Instrument zur Produktion von Subjektivitäten zu erforschen oder die komplexen Wechselwirkungen zwischen individualisierten und maschinischen Elementen auf die Leinwand zu bringen, indem man verschiedene Formen des Werdens (Kind-, Frau-, Tier-, Mannigfaltigkeit-, Unsichtbar-Werden) verfilmt, die von einer Gruppe diverser Figuren durchlebt werden, welche trotz ihres Anscheins von Normalität eigentlich als »Schiffbrüchige einer neuen Art von kosmischer Katastrophe« anzusehen waren. »Einer«, wie Guattari präzisiert, »neuen Art von zugleich präsenter wie auch potenzieller, imaginärer und realer kosmischer Katastrophe [...], deren momentane Präsenz ihre Kraft einzig aus der Fähigkeit schöpft, die Zukunft jeglicher Konsistenz ins Leere laufen zu lassen.« Man kann es der Förderkommission nachsehen, dass sie Teile der Präambel mit den eigentlichen Drehbuchdialogen durcheinandergebracht hat. Es schien, als ob sich Guattari selbst durch eine Art semiotisches Leck vom Regisseur in einen der Protagonisten des Films verwandelt hätte. Das Drehbuch hatte sich ermächtigt, seinen Autor zu vereinnahmen, ihn zu retrofiktionalisieren und für die Rolle des visionären Anführers jener Bande kosmischer Schiffbrüchiger zu besetzen.

Doch wie lassen sich Guattaris eigene Interessen und Herangehensweisen an die Science-Fiction konkret verorten? Wie lassen sie sich zu seinen anderen publizierten Schriften und den unterschiedlichen Rollen, die er im intellektuellen und politischen Leben Frankreichs nach 1968 einnahm, in Bezug setzen? In welchem Kontext lässt sich sein Begehren, Filmemacher zu werden, sein Wunsch *zum Akt* zu schreiten, *passer à l'acte,* verstehen? Wir haben bereits gesehen, dass UIQ in den Faltungen von *Chaosmose* immanent zugegen ist. Doch Guattari beschreibt UIQ als Wesen, das weder räumlichen noch zeitlichen Begrenzungen unterliegt, also logischerweise auch als Latenz in seinen früheren Schriften und Praktiken vorhanden ist und mehr noch in der dunklen Materie all dessen, was nie erschienen ist.

Für den Anfang – wenn man denn von einem solchen sprechen kann – ist es wichtig, sich zu vergegenwärtigen, dass Guattari bereits einige bemerkenswerte Drehbuchschreibversuche unternommen hatte, bevor er mit der Arbeit am Skript für UIQ begann. Der erste dieser Versuche, *Projet de film au sujet des radios libres*[5], verfasst um 1977, beschäftigt sich mit den Ereignissen um die Zerschlagung des staatlichen Rundfunkmonopols durch Radio Alice im Jahr der Aufstände in Bologna. In Guattaris Film wird die Handlung von Bologna nach Turin verlegt, wo Radio Galaxie aus dem Zentrum der Auseinandersetzungen zwischen Protestierenden und der Polizei unmittelbare Eindrücke aus den tränengasverseuchten, von Barrikaden gesäumten Straßen der Stadt sendet. Der Film schildert die Irrfahrten von Elena und ihrem »schizoiden« Gefährten Ugo, die versuchen, zum Hauptquartier des Senders zu gelangen und beim Trampen im Auto eines desillusionierten Aktienhändlers landen, der sofort dem Zauber der charmanten Elena verfällt.

Ein spannender Aspekt an diesem Kurzfilm – den Guattari in einem lockeren, halbimprovisierten Stil à la Alberto Grifi auf Video drehen wollte – ist der wechselseitige Bezug, den er zwischen

Radio Galaxie und Ugos Art zu Denken herstellt, die beide keine klare Trennlinie zwischen Sender und Empfänger ziehen. Die Durchlässigkeit des schizoiden Körpers schafft eine unbestimmbare Zone zwischen Innen und Außen, die ihrerseits schon eine Grundvoraussetzung für kollektive Ausdrucksformen darstellt. In seinen Regienotizen erläutert Guattari, wie er eine der ersten tragbaren Videokameras, die sein Freund Jean-Pierre Beauviala erfunden hatte, einzusetzen gedenkt. Diese Kamera, so spekuliert er, würde ein lockeres, »freies« Kino ermöglichen, aufgenommen aus dem Zentrum des Geschehens, ein Erfassen dessen, was wirklich vor sich geht, das zugleich Raum für Improvisation lässt und die Arbeitsabläufe von der Aufnahme bis zum Schnitt vereinfacht.

In Guattaris Film wird aus der Radiostation das polyphone Sprachrohr einer vielköpfigen, hydraartigen Bewegung, die der Staat als eine Art bedrohlichen Beeinflussungsversuch zu diffamieren versucht, als fremden, abzuwehrenden Eindringling, dem man mit Panzerwagen auf den Straßen entgegentritt, um seinen Aufstand niederzuschlagen; ein Szenario, das an jenes in *Krieg der Welten* erinnert. Das Aufkommen Freier Radios wurde als potenzielle Gefahr für die gesellschaftliche Ordnung gesehen, der begegnet werden musste (Radio Alice wurde im März 1977 erst gewaltsam von der Polizei durchsucht und dann geschlossen), weil die Radios nicht nur die offizielle Darstellung der Ereignisse infrage stellten, sondern das gesamte diskursive Repräsentationssystem, welches die Sprecher'innenpositionen festlegte und die Grenzen bestimmte, innerhalb derer sich der Gesellschaftskörper artikulieren konnte.

Die subversive Kraft der Freien Radios speiste sich nicht nur aus der Art und Weise, in der sie die Grenzlinien zwischen Sender und Empfänger einrissen, sondern ebenso daraus, wie sie verschiedene Diskurse miteinander verknüpften, die die offizielle Berichterstattung rigoros auseinanderzuhalten versuchte. In Anknüpfung an Artauds Plädoyer für den organlosen Körper wurden Sprachkörper und Sprechorgane gründlich durcheinandergewirbelt. Nichts Vergleichbares war je zuvor durch eine Form des »Massenmediums« verbreitet worden, welches zugleich den öffentlichen Raum wie auch die privaten Haushalte durchdrang. Entsprechend heftig fiel die Reaktion aus.

Insofern es ihr um die Herausbildung und Ermöglichung neuer Lebens-, Sprach-, Produktions- und Beziehungsformen ging, war die sich von einem lähmenden Repräsentationssystem befreiende Politik der Autonomia selbst schon eine Art Science-Fiction. Eine Stimme von Radio Galaxie (die eine reale Sendung von Radio Alice zitiert) formuliert das in einer originellen Szene, in der die Sendung während der Dreharbeiten inmitten einer Straßenschlacht per Autoradio empfangen werden sollte, so:

> Konspirieren heißt zusammen atmen, und dessen sind wir beschuldigt worden; sie wollen uns am Atmen hindern, weil wir uns geweigert haben, an ihren erstickenden Arbeitsplätzen, in ihren individuellen, familiären Verhältnissen, wie in ihren atomisierenden Häusern tief Luft zu holen.[6]

Die Bachtin'sche Polyphonie von Radio Alice und anderen Freien Radios ergab sich sowohl aus der Tatsache, dass sie vielstimmig waren – also eine mediale Plattform bereitstellten, die potenziell allen eine Stimme verlieh – als auch daraus, dass sie für kurze Zeit unterschiedlichste Redeweisen und Musikformate ermöglichten, welche genüsslich die von Institutionen und identitären Mikrofaschismen errichteten Grenzzäune zwischen verschiedenen Diskursfeldern und Wissensgebieten niederrissen. Politik, Poesie, Philosophie, Rock, Geschichte, Nachrichten von der Straße und aus den Fabrikhallen, Witze, experimentelle Musik, erotische Literatur, militante Songs, Kinderspiele, Märchen und Free Jazz wurden in einer Bewegung zusammengeführt, die Guattari später als maschinische Heterogenese bezeichnen sollte.

War das Kino, das vermittels seiner Projektions- und Identifikationsmechanismen die Subjektivitätsbildung immer noch maßgeblich beeinflusste, dazu in der Lage, auf ähnliche Weise zu einer kollektiven Ausdrucksform zu werden? Ließe sich ein Film über Freie Radios drehen, der zugleich ein »Radiofilm«, als auch eine »Radiologie« der verborgenen, unterdrückten oder zersplitterten gesellschaftlichen Kräfte wäre, ohne dabei gleich in die Falle einer hypostatischen Repräsentation zu tappen?

Jean-Luc Godard hatte mit dem Experimentalfilm *Die fröhliche Wissenschaft* (1968), der mit einem erweiterten Radio- bzw. Fernsehbegriff liebäugelte, bereits einen ähnlichen Versuch gestartet. Auf einer einzigen Darstellungsebene zu »aktuellen Themen« assembliert der Film Aufnahmen von Demonstrationen aus dem Mai '68, Schilderungen historischer Kämpfe, Zitate von Schriftstellerïnnen und Philosophïnnen aus unterschiedlichen Epochen sowie Filmmaterial zeitgenössischer Ereignisse. Dieser Nachrichtenfluss wird einerseits mit den hintergründigen Dialogen zweier junger Schauspielerïnnen (Juliet Berto und Jean Pierre-Léaud, der ein enger Freund von Guattari werden sollte) gegengeschnitten, die einem wie in eine Art kosmischer Nachtschwärze vor dem Big-Bang versetzte protomenschliche Moleküle vorkommen, und andererseits mit Kinderinterviews (die das Format von *France, tour, détour, deux enfants* vorwegnehmen ...). Durch eine Dauerberieselung mit bliependen und sirrenden Kurzwellenstörgeräuschen evoziert der Film die potenziell intergalaktischen Horizonte von Radiosignalen, die in ihrer stochastischen Fließbewegung quer durch Raum und Zeit eine fremde Sprache revolutionärer Theorie absondern. Derartige Filmexperimente wurden jedoch, falls man sie nicht von vornherein aus dem Verkehr zog, rasch (sogar und vor allem von militanten Kreisen) als exzentrisches, selbstgefälliges Intellektuellengehabe gebrandmarkt, das dem Untergang geweiht war. Als *chemins qui ne mènent nulle part*, Holzwege, überdauern sie, wie die Mehrzahl von Godards Produktionen aus den 1970ern, als vergessene Pfade und ungenutzte Nebenstrecken in der Geschichte des Kinos.

Doch Guattari – dem die Vorzüge der Autorschaft, von denen Godards Filmschaffen immer wieder heimgesucht wurde, selbst als er zu Zeiten der Dziga Vertov Gruppe seinen Eigennamen heraushielt, stets fremd geblieben waren – ging es vielleicht immer schon eher um die Potenziale kollektiver Ausdrucksformen, denen die Freien Radios eine konkrete Gestalt geliefert hatten, und mit seinem Kurzfilm zur Radiobewegung zeichnete er bereits einen anderen Weg vor, hin zu einem kommenden kleinen Kino, als affektivem Relais für das postmediale Zeitalter:

Eine Hauptbedingung für die Beförderung eines neuen, die Welt umspannenden Bewußtseins wird also in unserer kollektiven Fähigkeit bestehen, neue Wertsysteme zum Vorschein zu bringen, die dem Plattwalzen – das die allein auf den ökonomischen Profit ausgerichtete Wertsetzung vollzieht – auf ethischem, psychologischem und sozialem Gebiet entgehen. Lebensfreude, Solidarität und Mitgefühl dem anderen gegenüber müssen als im Schwinden begriffene Gefühle angesehen werden, die es zu schützen, wieder mit Leben zu erfüllen und in neue Bahnen zu lenken gilt. Ethische und ästhetische Werte beruhen nicht auf Imperativen und transzendenten Kodes. Sie verlangen eine existenzielle Teilnahme des einzelnen, ausgehend von einer stets neu zu erreichenden Immanenz. Wie kann man solche Werte-Universen schaffen? [...]

Die Suggestivkraft der Informationstheorie hat dazu beigetragen, die Bedeutung der Äußerungs-Dimensionen in der Kommunikation zu verschleiern. Das ließ oftmals vergessen, daß eine Botschaft erst dadurch ihren Sinn konstituiert, daß sie empfangen wird, und nicht allein durch die Tatsache ihrer bloßen Übermittlung. Information kann nicht auf ihre objektiven Manifestationen reduziert werden; sie ist wesentlich Produktion von Subjektivität, ein Konsistent-Werden immaterieller Universen. [...] Die gegenwärtige Medien-Krise und die Linie einer Öffnung auf eine postmediale Ära hin stellen Symptome einer viel tiefergehenden Kritik dar.

Worauf ich mit Nachdruck hinweisen möchte, ist gerade der zutiefst pluralistische, multizentrale und heterogene Charakter der gegenwärtigen Subjektivität, und das trotz der Homogenisierung, der sie aufgrund des allumfassenden Einflusses der Massenmedien unterliegt. In dieser Hinsicht ist ein Individuum bereits ein »Kollektiv« aus heterogenen Bestandteilen. Ein subjektives Faktum verweist auf personale Territorien – den Körper, das Selbst –, aber gleichzeitig auch auf Kollektiv-Territorien – die Familie, die Gruppe, die Ethnie. Und daran schließen sich alle Subjektivierungsprozesse an, die in Sprache, Schrift, Informatik und technologischen Maschinen Gestalt annehmen.[7]

In einer anderen bemerkenswerten Sequenz des geplanten Films zu Freien Radios wird das Auto zu einer Art fahrbarer Kamera umfunktioniert, die den städtischen Raum durchquert (wie in den langen, ungeschnittenen Fahrsequenzen in Danièle Huillet und Jean-Marie Straubs *Geschichtsunterricht*). Inmitten einer Tränengaswolke steigt Elena aus, um nach einer Telefonzelle zu suchen und eine Reportage an Radio Galaxie durchzugeben. Aus der Distanz sehen wir ihre Silhouette, sie steht in einer öffentlichen Telefonzelle, während aus dem Autoradio ihre Stimme zu hören ist. Die Idee dahinter ist klar: wir sehen die Straße in Echtzeit, der Soundtrack dazu kommt aus dem Autoradio. Auf diese Weise würde sich das fiktionale Szenario möglicherweise unmerklich direkt in den Gang der Ereignisse einfügen lassen, während – dank der Leichtigkeit des Equipments und einer Crew, die fern von professionellen Strukturen agierte – die »industrielle« Zeitskala einer gängigen Filmproduktion umgangen werden konnte.

Im Vergleich zu den experimentellen Kartierungen von 1968 hätte eine »Radiologie« von 1977 vielleicht eine breitere, unzusammenhängendere Konvergenz emanzipatorischer Kräfte sichtbar gemacht. Während in Italien die Autonomia das Leben vom fordistischen Fabrikregime zurückzuerobern suchte, hatte in Großbritannien, wo molekulare politische Verschiebungen oft ihren unmittelbarsten Ausdruck (und ihr Revival) in der Popkultur finden, der Punk die dystopische Parole »no future« freigesetzt. So schreibt Bifo:

> Die 77er-Bewegung – in ihrer bunten und kreativen italienischen Spielart und aber auch in ihrer britischen, die *Punk*, *Gothic* und verstörend war – baute auf einer Intuition auf: Das Begehren sei das entscheidende Feld für einen jeden sozialen Mutationsprozess, für jede Transformation der Imagination und für eine jede Veränderung der kollektiven Energie. Es geschehe allein als Manifestation des Begehrens, dass wir begreifen könnten, dass Arbeiter die Lohnverhältnisse ablehnten und sich durch Sabotage und Absentismus weigerten, ihr Leben nach dem Takt des Fließbandes auszurichten. [...]
>
> Die Abneigungen der Arbeiterschaft gegenüber der industriellen Arbeit, die auf einer Kritik der Hierarchien und der Repetition basierte, raubte dem Kapital gegen Ende der 1970er-Jahre viel Kraft. Alles Begehren war außerhalb des Kapitals gelagert, wo es Kräfte anzog, die sich davon distanzierten, beherrscht zu werden.[8]

Wie dem auch sei, vielleicht ist etwas übertrieben zu sagen, dass »alles Begehren« nur außerhalb des Kapitals gelagert war. Die enorme Popularität von *Star Wars* (1977) legt eine andere Deutung nahe. Diese Fabel vom angeblichen Aufstand der Unterdrückten gegen eine imperiale Macht hat nicht nur dafür gesorgt, dass die politischen Ambitionen der New-Hollywood Autoren wirksam zurückgestutzt wurden, sondern stand symptomatisch für ein ganz anderes, noch unheilvolleres »no future«, nämlich das der Postmoderne und der damit einhergehenden Abkündigung an die historische »Fortschrittserzählung« der Moderne. Unter dem Deckmantel der Science-Fiction, eines Genres, dass bis dato dafür stand, mit der Moderne verbündet zu sein, bzw. ihren weiteren Verlauf vorherzusehen, bot *Star Wars* ein regressives Märchen vom Triumph des westlichen Individualismus nach US-amerikanischem Vorbild, der sich die ewige immaterielle *Macht* des Kapitals untertan machte, während die halbgare mittelalterliche Adelsgenealogie der Jedi-Ritter auf die zunehmenden neofeudalen unternehmerischen Aspekte der nahenden Restauration des Individualismus verwies.

Um 1979, zwei Jahre nach dem *Projet de film au sujet des radios libres*, begann Guattari mit Robert Kramer zusammenzuarbeiten, der später zu einem wichtigen kreativen Partner bei der Entwicklung des Drehbuchs für UIQ werden sollte. Kramer war erst kurz zuvor, nach der Fertigstellung von *Szenen aus dem portugiesischen Klassenkampf*, nach Frankreich gezogen, und Guattari war ein großer Fan seiner Filme *Ice* (1970) und *Milestones* (1975), die beide widerspiegelten, was er zur Mikropolitik von Gruppen geschrieben hatte. Während *Ice* die Frage einer potenziellen molaren Verhärtung militanter, an bewaffneten Auseinandersetzungen beteiligter Bewegungen verhandelte, zeichnete *Milestones* die Mutation und Auflösung gegenkultureller Energien zu eher molekularen, intimen und selbstbezogenen Emanzipationsbewegungen nach, und versuchte zugleich, die USamerikanischen Freiheitskämpfe in einen komplexeren und heterogeneren historischen Kontext zu stellen.

Gemeinsam skizzierten Guattari und Kramer einen Entwurf für einen Film über die italienische Autonomia-Bewegung, *Latitante*, der von zwei Italienerinnen handelte, die mit einem Kind im Schlepptau in Frankreich untergetaucht sind. Die Grundidee des Films beruhte auf Guattaris kontinuierlichem Engagement, radikalen italienischen Intellektuellen zu helfen, in Frankreich Zuflucht zu finden, nachdem man sie als *cattivi maestri* zum Sündenbock der Bewegung gemacht hatte. Doch ebenso wichtig war Kramers Anliegen, die Alltagsrealität der Autonomisten einzufangen. Mit der zunehmenden Unterdrückung der Proteste und der wahllosen Verurteilung militanter Anhänger wurde eine subversivere, molekularere Politik notwendig. Es ist nicht verwunderlich, dass die Atmosphäre gesteigerter Paranoia, gepaart mit einem wachsenden Gefühl der Erschöpfung und einer Ambivalenz hinsichtlich des kollektiven Handelns filmische Erzählungen beförderte, die von Flucht, Auflösung und Verschwinden handelten. Aber die Zeit war ebenso von großer Solidarität und Freundschaft geprägt, wie ein Brief von einem mysteriösen Jean (möglicherweise Genet) aus dem Gefängnis belegt, der Eingang in das Dossier von *Latitante* fand:

> Die Abkapselung wohnt dem Widerstand inne. Du setzt Dich selbst, deinen fragilen Verstand, und deinen empfindlichen Körper der gigantischen Schwerkraft des Status Quo entgegen, den Bedingungen, die systematisch und mit aller Macht aufrechterhalten werden. Als Einzelner prallst Du mit all den althergebrach-

ten Verboten und Regeln und Verfilzungen zusammen, die die Matrix des Status Quo ausmachen. Wenn Du alleine bist (ich bin sicher, dass wir immer wieder alleine sein werden – gerade jetzt ist eine glückliche Zeit!) braucht es jedes Gran Willen, um zu überleben, bei Sinnen zu bleiben, nicht zu zerbrechen (oder törichterweise den Versuch zu machen, auszubrechen!).

Das ist das Umfeld, in dem die Bande zwischen den Widerständigen immer kräftiger und wehrhafter werden. So muss es sein, das ist der geheime Kitt, die geheime Flamme, der Energiequell, der die Kämpfenden vereint und anspornt. Manchmal kommt es mir so vor, als würden die Ideen selbst auf dem Gipfel dieses Vulkans hausen.

Bis zum heutigen Tage lassen sich die Flächenbrände, die sich bis tief in dieses Land ausbreiten, weder benennen noch systematisieren. Sie zeigen sich ganz unmittelbar im Verhalten, den Gefühlen. Doch eine Zeit wird kommen, in der wir verstehen werden was sich hier gerade abspielt, und wir werden feststellen, dass wir eine vollkommen neue, andere Art hervorgebracht haben, die Dinge zu sehen und zu erleben; dass wir einen völlig neuen Ideenkosmos geschaffen haben.[9]

Seine unbequeme, aber verlockende Mischung aus Fiktion und Dokumentation hätte *Latitante*, mit Pasolinis Ikone Laura Betti als eine der beiden fliehenden Frauen in der Haupt-, und Guattari und Kramer in den Nebenrollen, zu einer spannenden Ergänzung einer ganzen Reihe von Filmen – von Fassbinders *Die dritte Generation* (1979), über Rivettes *An der Nordbrücke* (1981) bis hin zu Godards großartiger Folge aus *Rette sich, wer kann (das Le-*

ben), Passion und *Vorname Carmen* – machen können, die eine Art langatmigen *Schwanengesang** des europäischen politischen Films nach 1968 markierten. Vielleicht ließen sich Guattaris und Kramers Ideen für eine neue Art von molekularem politischem Kino zu diesem Zeitpunkt selbst als Fluchtversuch lesen, auf der Suche nach einem »sicheren Unterschlupf«, in dem man sich verstecken und neue Kräfte sammeln konnte.

In der vermutlich eher pragmatisch als poetisch gedachten Einführung zum Filmdossier (offensichtlich in Kramers Stil verfasst) skizzieren Guattari und Kramer ihren Plan zur Verfilmung der Welt aus der Sicht der Fliehenden:

> Dieser Film versucht nichts zu erklären. Er beruht vielmehr auf einer Grundannahme, die sich aus der Komplexität und der Mehrdeutigkeit seines Gegenstandes ergibt. Unser Vorgehen lässt sich mit dem einer Laborantin vergleichen, die Zellproben aus unterschiedlichen Organen des Organismus entnimmt.
>
> Oder mit dem eines Radiologen, der Röntgenaufnahmen aus allen wichtigen Blickwinkeln anfertigt:
>
> Röntgenbilder des Brutkorbes zeigen schemenhafte Knochen,
> ein gespenstisches Herz,
> all die kräftigen Adern eines Organismus
> effizient auf zwei Dimensionen verdichtet.
> Allein die Intimität weiß vom dickflüssigen Blut
> das sich den Weg durch seine Kanäle bahnt,
> die menschlichen Träume belebend, erhellend,

das warme heimliche Lebenselixier
das in seinen spiralförmigen Codes
die Lehren aus den Kämpfen all unserer Ahnen mitführt.[10]

Nicht nur die Verweise auf wissenschaftliche Forschungs- und Experimentalanordnungen, insbesondere aus der Mikrobiologie, springen sofort ins Auge, sondern auch die indirekte Suche nach einem revolutionären genetischen Code, der sich über Generationen hinweg vererbt. Damit sind alle Voraussetzungen für die Vorstellung gegeben, dass die autonomen »Zellen« eines radiologischen Films langsam beginnen, sich in bakteriologische zu verwandeln, Chloroplasten eines mutierenden Phytoplanktonstamms, der als Verbindungsglied zu dem dient, was später als UIQ, das Infra-Quark-Universum, in Erscheinung treten sollte.

Dieser Genrewechsel war zugleich symptomatisch für eine zwischen den späten 1970er und frühen 1980er Jahren stattfindende Umorientierung des politischen Imaginären, das sich, als Reaktion auf die Unterdrückung der gesellschaftlichen Auseinandersetzungen auf der Straße, graduell von der Welt und ihren materiellen Voraussetzungen ab- und den weniger greifbaren Horizonten des Möglichen zuwandte.

In vielen Filmen aus dieser Zeit wurde die unbewusste Suche und Sehnsucht nach anderen Lebensformen, deren Einlösung die gegenkulturellen Revolten kurzzeitig versprachen, umgelenkt und auf infantilisierende, reaktionäre Weise in transzendentale – sogar messianische – Erwartungen projiziert, verkörpert durch gutwillige außerirdische Besucher und Intelligenzen (*Unheimliche Begegnung der dritten Art*; *E.T. – Der Außerirdische*), oder, etwas subversiver, in eine Faszination für das Schreckliche übersetzt, ob es nun um das monströse Andere (*Alien*), virale Verseuchung (*Parasiten-Mörder*, *Der Überfall der teuflischen Bestien*) oder durch Technologie und Medien verursachte Persönlichkeitsveränderungen ging (*Videodrome*).

In *Eine Liebe von UIQ* nimmt die extraterrestrische Intelligenz die Form eines unsichtbaren, unendlich kleinen Universums an, das bereits immanent ist, vorhanden als potenzielle Kraft auf dem Quantum Level der Infra-Quarks – verharrend als eine Art dunkle Materie, die lediglich ein adäquates Relais benötigt, um sich zu manifestieren und in das organische Leben und die maschinischen Arrangements unseres Planeten einzudringen.

III. Zur (Un)-Endlichkeit UIQs

> Aspekte eben dieser Art von polysemischer, animistischer und transindividueller Subjektivität finden sich auch in der Welt der frühen Kindheit, des Wahnsinns, der Liebesleidenschaft und des künstlerischen Schaffens wieder. Es ist deshalb besser, in diesem Zusammenhang von einem protoästhetischen Paradigma zu sprechen, um zu unterstreichen, dass wir uns nicht auf die institutionalisierte Kunst beziehen, auf ihre im sozialen Feld manifestierten Werke, sondern auf eine Schaffensdimension im Entstehungszustand, die sich selbst ständig vorgelagert und voraus ist; auf ein Emergenzvermögen, das die Kontingenz und die Zufälligkeiten all der Vorhaben, immaterielle Universen ins Sein umzusetzen, in sich begreift.[11]

> Zweifellos neigen die Noten, die wir dann hören, schon durch ihre Höhe und Länge dazu, vor unseren Augen Flächen von unterschiedlicher Ausdehnung zu bedecken, Arabesken zu zeichnen, uns Empfindungen von Mächtigkeit, von Winzigkeit, von Beständigkeit und von Launenhaftigkeit zu vermitteln. Doch die Noten sind vergangen, bevor noch die Empfindungen sich so weit in uns ausgebildet haben, dass sie nicht in jenen versinken würden, die die folgenden Noten oder sogar die gleichzeitig erklingenden schon wachrufen. Und dieser Eindruck würde weiter die Motive, die für Augenblicke kaum erkennbar daraus hervorgehen, mit seinem Fließen und seinem ›Schmelz‹ umhüllen, um alsbald unterzutauchen und zu verschwinden, nur noch an der besonderen Freude erkennbar, die sie bereiten, unmöglich zu beschreiben, zu erinnern, zu benennen, unaussprechlich – wenn nicht das Gedächtnis, wie ein Arbeiter, der an der Errichtung fester Fundamente in der Mitte eines Flusses arbeitet, für uns Abdrücke dieser flüchtigen Phrasen herstellte und uns so erlaubte, diese mit dem zu vergleichen und von dem zu unterscheiden, was ihnen folgt.[12]

Zu Beginn des Films ist das Infra-Quark-Universum nicht mehr als ein schwaches Signal in einer Probe mutierter Cyanobakterien, die der Chronobiologe Axel aus einem Labor in Brüssel entwendet hat. Des »Terrorismus« beschuldigt (für den die durch UIQs frühe Signale verursachten Störungen in Radio und Fernsehen unmittelbar gehalten werden) flüchtet er gemeinsam mit Fred, einem amerikanischen Journalisten, nach Frankfurt. In der ersten Szene des Films landet ihre gekaperte Piper Malibu auf einem

Acker, dessen geschwärzte Erdklumpen die Farbe des Frosts absorbieren, der sie wie ein Flickenteppich überzieht. Die Landschaft ist eisig, blutleer und in eine seltsame Widersprüchlichkeit getaucht. Wir befinden uns mitten in den Winterjahren.

> Ich gehöre zu denjenigen, die die 1960er Jahre wie das Versprechen eines nie endenden Frühlings erlebt haben: kein Wunder, dass es mir so schwerfiel, mich an die langen Winterjahre der 1980er zu gewöhnen. Manchmal beschenkt einen die Geschichte, aber sie macht keine Gefangenen, sie spielt ihr Blatt ohne Rücksicht auf unsere Hoffnungen und Enttäuschungen. Deshalb ist es besser, einfach weiterzumachen, anstatt zu sehr auf die natürliche Rückkehr der Jahreszeiten zu setzen. Erst recht, wenn es keine Garantie dafür gibt, dass nicht wieder ein Herbst oder ein noch härterer Winter folgen wird.
>
> Und dennoch hält ein Teil von mir weiterhin an der Idee fest, dass irgendwo stillschweigend Vorbereitungen getroffen werden, für zukünftige Begegnungen mit neuen Wellen kollektiver Großzügigkeit und Schöpfungskraft und mit einem noch nie dagewesenen Willen der Unterdrückten, auszusteigen und zu versuchen, die tödlichen und abstumpfenden Machtpolitiken aufzuhalten und ökonomische und soziale Aktivitäten wieder auf menschlichere, weniger absurde Ziele umzulenken.[13]

Solche stillschweigenden verdeckten Vorbereitungen sind der Antrieb für jene Art von Kino, wie Guattari es sich in *Eine Liebe von UIQ* vorgestellt hat, als molekulare kollektive Praxis, die trotz ihrer Mitschuld an der Depression, die der falschen Euphorie der in den

1980er Jahren aufkommenden Bildkultur zugrunde liegt, ein Versuchslabor bildet, das in der Lage ist, deren schlimmste Folgen zu bekämpfen, indem es Intensität und Lebendigkeit feiert. Eine ewige Wiederkehr des Geburtsvorgangs.

Das ist auch einer der Gründe weshalb das Bildrepertoire des Films, wenigstens oberflächlich betrachtet, einige der klischeehaftesten Aspekte des Kinos der 1980er so penibel reproduzieren sollte. Zum Beispiel die Stimmung in der Disco-Bar am Stadtrand, wo Axel die punkige Janice trifft, die ihm und Fred Unterschlupf in dem besetzten Fabrikgebäude gewährt, wo sie mit ihren »schiffbrüchigen« Gefährtïnnen lebt. Auf den ersten Blick scheint es eine Szene zu sein, wie man sie aus zig Direct-to-Video Thrillern kennt, die noch dazu auf *Blade Runner* anspielt, wenn Axel sich ein gekochtes Ei pellt und einen extravaganten Rückwärtssalto ausführt. Ungewöhnlich ist jedoch die Art und Weise, in der diese zweitklassige Symbolik als primäres Ausdrucksmittel des Films in den Vordergrund gerückt wird, zusammen mit den Spielautomaten an der Bar, insbesondere dem Flipper, um den die Figuren sich versammeln, als wären sie plötzlich von einer überbordenden animistischen Vitalität besessen, die die Szene beherrscht und die Tanzbewegungen souffliert. Dieses Bild ist einer der ersten offenkundigen Belege für den UIQ-Effekt: Andeutung einer flüchtigen Ansteckung zwischen den Sphären des Menschlichen, Tierischen und Maschinischen.

Ein weiteres Beispiel ist die kunstvolle, provisorisch zusammengeschusterte Multi-Screen Oberfläche, die Axel mithilfe der Bewohnerïnnen des besetzten Hauses baut, nachdem diese ihre anfängliche Scheu überwunden haben. Sie soll ihm dabei helfen, den Kontakt mit dem von ihm entdeckten Universum – dem sie den Namen UIQ geben – wiederherzustellen und dessen Störsignale in Wörter, Laute und Bilder zu übersetzen, die eine Kommunikation ermöglichen. Die wuchernde Ausbreitung von Kabeln, Bildschirmen und anderen Gerätschaften, welche die verschiedenen Portale, die den Kontakt zu UIQ ermöglichen, abwechselnd verbinden und trennen, erzeugt den Eindruck als befände sich das Gebäude in den Fängen einer gigantischen Riesenkrake, während der Raum unzählige klangliche und gestische Mikro-Refrains absondert, die sich, wie die *petite phrase* der Vinteuil-Sonate, schließlich ausdehnen, um die sie umgebende Umwelt zu kontaminieren.

Der Erfindungsreichtum von *Eine Liebe von UIQ* zeigt sich etwa in der Art und Weise wie Guattari das Motiv des besetzten Hauses einsetzt, um seine eigene transversale Praxis – mit ihrer Mischung aus klinischen, politischen, philosophischen und ästhetischen Elementen – im Sinne einer vielschichtigen Fiktion neu zu formulieren. Die stillgelegte Fabrik – bevölkert von einer seltsamen Mischung sozialer Außenseiter – bildet ein heterotopisches, idiorhythmisches Umfeld, das gewisse Ähnlichkeiten zur psychischen Ökonomie von La Borde aufweist, während die durch UIQs Signale in Hertz'schen Wellen verursachten Störungen listig auf die Strategien der Aktivist'innen der Freien Radios anspielen, die Guattari in Italien kennengelernt hatte.

In den virtuosen Szenen, in denen Axel, charakterisiert als Amateurakrobat, dessen »Körper [ ] – wenn er ihn dem Himmel entgegenreckt – an die Art und Weise [erinnert], in der sich UIQ den Menschen zuwendet«, seine scheinbar beliebigen gymnastischen Kunststücke ins Gespräch einfließen lässt, ohne dabei ins Schwitzen zu geraten, vollzieht er dies auf eine Weise, die eine völlig neue filmische Choreographie des Körpers, der Stimme und der Sprache nahelegt.[14] Und dann ist da noch die Frage nach UIQs eigenem maschinischen »Körper« und seiner Subjektivität, die weder Form noch raumzeitliche Grenzen oder ein stabiles Identitätsgefühl kennt und dazu neigt, existierende organische und maschinische Formen parasitär zu befallen, in Geist und Körper seiner Wirte einzudringen und Kommunikationssysteme mit Störsignalen und verschlüsselten Codes zu malträtieren.

Allerdings dauert es nicht lange, bis UIQ anfängt, sich als ein aus drei schwarzen Löchern zusammengesetztes, proto-gesichtliches Diagramm zu manifestieren, eine Erscheinung, die die Fernsehbildschirme heimsucht und in der Lage ist, willkürlich mal am Himmel, mal auf Wasseroberflächen, Menschenmengen oder Vogelschwärmen aufzutauchen. Durch den Subjektivierungsprozess, den UIQ im besetzten Haus durchläuft, wird es letztlich dazu verleitet, menschlichere Persönlichkeitszüge anzunehmen. Obwohl UIQ weiterhin einen deterritorialisierten Kontaminationsbereich erzeugt – der Maschinen, Kommunikationssysteme und lebendige Organismen befällt –, eignet es sich zudem eindeutige Charaktermerkmale an: einen Habitus, eine Stimme und eine Art des Sprechens (die der von Guattari auf unheimliche Weise ähnelt). UIQs Entdeckung beziehungsweise Erfindung eines »Ich«-Gefühls, die sich der fürsorglichen Anleitung von Janice verdankt, die es über Sexuierung und Identität aufklären soll, führt dazu, dass es sich in Janice verliebt, und ihr Körper zu einem Vehikel für UIQs eigene Gefühle wird, was wütende Eifersuchtsanfälle hervorruft, wenn

Janice gelegentlich ihre Rolle als Lehrerin vernachlässigt, um sich mit Axel geläufigeren Formen körperlicher Lust hinzugeben.

Je stärker Janice UIQ in Richtung einer einschränkenden, potenziell gefährlichen Art heteronormativ männlichen Selbstverständnisses lenkt, desto mehr wird sie zum Objekt seiner folgenschweren Passion, einer unmöglichen Liebe, die katastrophale Konsequenzen für sie beide und den Planeten haben wird. UIQ's Eroberungsversuche nehmen eine surrealistische Dimension an, als es (im Drehbuch jetzt ein »er«) versucht, sich als Mann, Bruno, zu inkarnieren, nur um festzustellen, wie das nun körperliche Selbst zu einem physischen Rivalen um ihre Zuneigung wird. Auch hier weicht Guattari vom gängigen Science-Fiction Schema ab, nach dem das Alien, sofern es nicht offen feindselig ist, anstatt einer fatalen *Mise en abyme*, auch eine ideale para-religiöse Verkörperung einer Emotion wie der Liebe darstellen könnte.

In gewisser Hinsicht ist UIQ nicht mehr als der formlose *Zwischenraum,* der seine zahllosen verkorksten Avatare miteinander verbindet und die Beziehungen zwischen den Bewohnerïnnen des besetzten Hauses nach und nach verändert, von denen die meisten ihr eigenes, spezielles Verhältnis zum Universum entwickeln: Manu, ein frühreifes, äußerst selbständiges und offenbar elternloses Kind; Steve, ein ausgebrannter Informatiker; Erik, ein schizoider junger Mann mit einem Faible für Waschmaschinen (eine Weiterentwicklung von Ugo aus dem Skript zu Freien Radios); und vor allem Janice selbst, die sich von einer punkig-vorlauten Studienabbrecherin und Amateur-DJ in eine Figur von tragischer Größe, eine Art Cyborg-Jeanne d'Arc verwandelt und zum kurzgeschorenen Gehäuse für UIQs Geist wird. Ihr plötzliches Verschwinden nach einer Razzia durch eine Anti-Terror Einheit im besetzten Haus verdammt das beraubte UIQ zu unendlichem – da körperlosem – Schmerz, und entfesselt seine Wut, die eine Pandemie genetischer Mutationen auslöst, und so eine Unzahl von Menschen in Halb-Amphibien verwandelt, die permanent hydriert werden müssen. Erst als Janice zurückkehrt und einer Implantation des UIQ-Virus in ihr Gehirn zustimmt, endet die Pandemie. Die zerebrale Fusion mit UIQ führt allerdings zu einer unbeabsichtigten Unsterblichkeit, wie Janice bei ihrem anschließenden Selbstmordversuch in der letzten Filmszene herausfindet.

Doch zuvor konzentriert sich das Kernstück von *Eine Liebe von UIQ* vor allem auf die Untersuchung der Effekte, die sich zwischen UIQ und den Hausbesetzerïnnen, und mit der Außenwelt einstellen, ein Gewöhnungsprozess, der eine skurrile Choreografie unerklärlicher Gesten, Handlungen und Mikro-Ereignisse hervorruft, bei denen wir weder ganz sicher sein können wer oder was sie verursacht hat, noch wo ein Wille oder ein Begehren endet und wo ein anderes beginnt.[15] Alles scheint sich in einem dehnbaren, unbestimmten Raum tragikomischer Burlesque abzuspielen, in dem es unmöglich ist, eine klare Unterscheidung zwischen den Subjekten und Objekten der Wahrnehmung, des Visuellen oder der Empfindungen zu treffen. Daher auch die bizarre, unberechenbare Tonalität des Films, die Art und Weise, wie er versucht, das unpersönliche oder transversale semiotische Delirium freizusetzen, das das Science-Fiction Kino von den Bedeutungsstrukturen (Narrative, Psychologie, klar individuierte Charaktere, usw.) trennt, die es wieder an normative Begehrensmuster anschließen wollen.

Dieser Dynamik steht innerhalb der diegetischen Struktur des Drehbuchs die internationale Kommission gegenüber – deren charmant unnahbarer Präsident mit seiner Schwäche für Sahnetorten das Phänomen UIQ wie einen im Restaurant heruntergefallenen Teller behandelt, und dabei wie eine von Chabrol gecastete Figur daherkommt –, und innerhalb des besetzten Hauses das Teenager-Pärchen Anton und Michaela, die qua ihrer prekären McJobs als Motorradkuriere die einzigen sind, die überhaupt Kontakt zur Außenwelt pflegen und die insgesamt von UIQs Einfluss unberührt bleiben.

Anton und Michaela sind so etwas wie die Vernichtungsengel des Films. Als Vorboten einer sich abzeichnenden Normierung des Lebens beschreibt Guattari sie als Fastfood essende Teenager, Normies, in denen sich seine wachsende Verzweiflung über die entpolitisierenden Subjektivierungsprozesse widerspiegelt, die in den 1980er Jahren bereits in vollem Gange waren, als Europas Jugend dem globalisierenden Bann von MTV und amerikanischer High-School Kultur verfiel, mit ihren ständigen nach Bestätigung heischenden Wiederholungen.[16] Es liegt eine bittere Ironie in der Tatsache, dass der Name Anton auch an Truffauts Antoine Doinel erinnert, dessen erstarrter Kinderblick auf die kommenden Aufstände im Mai ‘68 gerichtet war. Schließlich sind es Anton und Michaela, die die Ereignisse heraufbeschwören, die zur Entdeckung und Zerstörung des besetzten Hauses und zur Rache UIQs führen.

Vielleicht ist der Film aber gerade in den Codes des Spektakulären am subversivsten, fast so, als hätte UIQ selbst die Regie übernommen. Die zahlreichen aufwändigen versatzstückartigen Szenenbilder verketten Handlungen und Affekte miteinander, die in rasantem Tempo die Register wechseln und die Genregrenzen verschieben, und, wie UIQ, weder Maß noch Verhältnismäßigkeit zu kennen scheinen.

Ein potenzieller Flugzeugabsturz an einer überfüllten Strandpromenade, ausgelöst durch UIQs gescheiterte Versuche, eine von Manu auf dem Keyboard gespielte Melodie zu kopieren (eine satirische Lo-Fi-Neuauflage der Schlüsselszene von *Unheimliche Begegnung der dritten Art*) wird als Mischung aus kindlich verspieltem träumerischem Staunen und schadenfroher Boshaftigkeit ins Bild gesetzt, nur um nahtlos in eine Mischung aus surrealer Komödie und poetischem Schwebezustand überzugehen, fast so, als hätte sich eine Szene aus *Iwans Kindheit* ans Set von *Die Ferien des Monsieur Hulot* verirrt.

An anderer Stelle werden sexuelle Konventionen radikal umgekrempelt, wenn das körperlose schwarzlöchrige Gesichtsdiagramm des traumatisierten UIQ auf mehreren verschiedenen Bildschirmen gleichzeitig erscheint und, als es die Urszene »elterlicher« Zusammenkunft zwischen Janice und Axel mitbekommt, wie ein ungehaltenes Baby reagiert. Von den körperlichen Empfindungen der beiden genervt, nimmt UIQ abwechselnd ihre verzerrten Gesichtsausdrücke an,[17] bis es schließlich einen verzweifelt animalischen Schrei ausstößt, dessen unerträgliche Intensität sowohl durch Eriks versteinerten Körper vermittelt wird, der wie eine griechische Statue auf einem Stuhl hockt, als auch durch das Gehampel eines schreienden Affen, der schließlich seinen Darm auf Eriks Hemd entleert.

In einer späteren Szene sehen wir UIQ auf einem der Bildschirme in einen intimen Dialog mit Janice vertieft, während es auf einem anderen Bildschirm Manu präzise Anweisungen gibt, einen tödlichen Cocktail für einen Penner zuzubereiten, der in den unbewohnten Teilen des besetzten Hauses lebt und vor dem Manu sich fürchtet – eine Episode, die entfernt an eine Szene aus Rossellinis *Deutschland im Jahre Null* erinnert, in der Edmunds reueloser Nazi-Lehrer ihn davon überzeugt, seinen schwachen Vater zu vergiften.

Der weitere Verlauf des Films vermittelt den Eindruck, dass besonders intensive Fragmente aus einem eklektischen Repertoire filmischer Referenzen herausgerissen wurden, von *Unheimliche Begegnung der dritten Art* über *Teorema,* zu den bereits erwähnten *Blade Runner* und *Die Nacht ist jung*, um sie zu Elementen eines widerständigeren deterritorialisierenden Mechanismus umzugestalten, einer Maschine, in der Grundbestandteile wie Stimme, Körper und Gesichtsausdruck eine überraschende Rekonfiguration durchlaufen – eine Welt in der Godard, Tarkowski, Pasolini und Fellini mit Cronenberg, Carpenter und Lynch ihre Gedanken austauschen.[18]

Auch wenn wir wohl nie erfahren werden, welche Form *Eine Liebe von UIQ* auf der Leinwand angenommen hätte, ist es, selbst angesichts der spektakulären Bildsprache eines Science-Fiction Blockbusters, verlockend, sich bestimmte Sequenzen stummfilmähnlich vorzustellen – aus Guattaris Sicht ist der Stummfilm ohnehin viel wirksamer gewesen als der Tonfilm, wenn es darum ging, die Intensitäten des Begehrens im Verhältnis zum sozialen Umfeld auszudrücken, da das Bedeutung produzierende Drehbuch (und damit auch die vereinzelnden Kräfte des Kapitalismus) darin noch nicht vollständig vom Bild Besitz ergriffen hatte. Die

Idee einer scharfen Trennung zwischen verschiedenen filmischen Bildregimen ist keinesfalls schlüssig. Die Frage lautet vielmehr, wie das Begehren zirkuliert und wie es kanalisiert wird, sowohl innerhalb der Bildregime, als auch zwischen ihnen. So spricht Guattari 1973 in einem seiner hellsichtigsten Vorträge über das minoritäre, kleine Kino:

> Der Wunsch entsteht *vor* der Herauskristallisierung des Körpers und der Organe, *vor* der Geschlechtertrennung, *vor* der Trennung zwischen familiarisiertem Ich und dem sozialen Feld. Es genügt, Kinder, Verrückte und Primitive ohne Vorurteile zu beobachten, um zu verstehen, dass sich der Wunsch sowohl mit Menschen als auch mit Blumen, Maschinen oder Festsituationen einlassen kann. Er respektiert nicht die ritualisierten Spiele des Geschlechterkampfs: er *ist nicht sexuell*, er ist transsexuell. [...]
>
> Das Kino [kann] ebenso gut eine Erosmaschine sein, d. h. die Unterdrückung internalisieren, wie eine Maschine zur Befreiung des Wunsches. [...] Es gibt nicht auf der einen Seite politisches und auf der anderen Seite erotisches Kino. Das Kino ist politisch, was auch immer sein Gegenstand ist; jedes Mal, wenn es einen Mann, eine Frau, ein Kind oder ein Tier darstellt, nimmt es Teil am Mikro-Klassenkampf, der die Reproduktion von Wunschmodellen betrifft. Die tatsächliche Unterdrückung des Kinos ist demnach nicht auf erotische Bilder begrenzt: Sie zielt in erster Linie darauf ab, die herrschenden Repräsentationen und Modelle, anhand derer die Macht den Wunsch der Massen kontrolliert und kanalisiert, zu respektieren. Bei jeder Regie, jeder Sequenz, jeder Einstellung stellt sich die Wahl zwischen einer konservativen Wunschökono-

> mie und einer revolutionären Öffnung. Man könnte denken, je mehr ein Film gemäß den Produktionsbeziehungen, gemäß dem Kalkül kapitalistischer Unternehmen konzipiert und realisiert wird, desto höher ist die Wahrscheinlichkeit, dass er an der libidinösen Ökonomie des Systems partizipiert. Allerdings kann auf diesem Gebiet keine Theorie den Schlüssel zu einer richtigen Orientierung liefern! Man kann einen Film drehen, der das Leben in einem Kloster zum Thema hat und der eine revolutionäre Libido freisetzt. Man kann einen Film als Apologie der Revolution drehen, der vom Standpunkt der Wunschökonomie aus betrachtet faschistisch ist. Letzten Endes werden auf der politischen und ästhetischen Ebene nicht die Worte und Inhalte der Ideen entscheidend sein, sondern die a-signifikanten Botschaften, die sich den herrschenden Semiologien entziehen.[19]

So gesehen stellt das UIQ-Drehbuch ein irgendwie paradoxes Quasi-Objekt dar. Statt die Strukturkohärenz zu erfüllen, die erforderlich gewesen wäre, um grünes Licht für die Produktion zu erhalten, eröffnet es ein Problemfeld, das einerseits verspricht, die Codes der Mainstream-Spektakelkultur zu untergraben, während es gleichzeitig das ihr entgegengesetzte un-bedeutende Delirium sichert (oder verausgabt), von dem Guattari hofft, es in den Dienst einer *anderen Wunschökonomie* stellen zu können. Aber aufgrund des immensen und verrückten semiotischen (Kosten)aufwands, kann es sich niemals auf einen eigenen charakteristischen Code festlegen. Wie UIQ selbst, widersteht Guattaris Film jeglicher Hypostasierung in eine stabile Form oder Identität.

IV. Ein riesiges, ständig anwachsendes, pulsierendes Gehirn, das aus dem Zentrum der Infra-Welt heraus regiert

> Ich habe ihm erwidert, daß mich das Verwirklichen jederzeit weniger anzieht als das Nichtverwirklichte, und ich meine damit nicht etwa nur das der Zukunft, sondern ebenso sehr das Vergangene und Verpaßte. Es kommt mir vor, daß es unsere Geschichte ist, jedesmal wenn wir von einer Idee einiges weniges verwirklicht haben, in der Freude darüber den größeren Rest von ihr unvollendet stehen zu lassen.[20]

> Ich werde die Telegraphensignale übersetzen müssen – das Unbekannte in eine Sprache übersetzen, die ich nicht kenne, und ohne auch nur zu verstehen, wozu die Signale nutzen. Ich werde in dieser somnambulen Sprache reden, die, wenn ich wach wäre, keine Sprache ist.[21]

Die permanente Unbeständigkeit, die in UIQs *Verkörperungsproblem*, seiner Schwierigkeit, eine bewohnbare Form zu finden, zum Ausdruck kommt, durchzieht auch den Entstehungsprozess von Guattaris Drehbuch, das aus drei sehr unterschiedlichen Versionen entstanden ist. Guattari hatte mit UIQ etwas geschaffen, das den dafür vorgesehenen Darstellungsrahmen zugleich unterlief und überbot, ein Infra-Kino, dass sich trotz seiner Unfertigkeit – oder vielleicht gerade deswegen – durch eine Art unregelmäßiges Pulsieren behauptete. In diesem Sinne lassen sich die drei aufeinanderfolgenden Überarbeitungen des Drehbuchs fast wie die Aufzeichnungen eines übergeordneten Musters aus UIQs eigenem Erscheinen und Verschwinden lesen.

In der ersten Fassung, die Guattari um 1980-81 zusammen mit Kramer geschrieben hat, findet der Großteil der Handlung in einer High-Tech Hippiekommune irgendwo im Osten der USA statt. Es scheint als hätte Guattari ursprünglich beabsichtigt, Kramer Regie führen zu lassen und den Film in Hollywood zu produzieren. Die Tatsache, dass er eine Kopie des Skripts an das Büro von Michael Phillips schickte, dem Produzenten von *Taxi Driver* und *Unheimliche Begegnung der dritten Art*, der das Projekt als »zu politisch« für die USA einstufte,[22] obwohl er von einigen Ideen sichtlich überzeugt war, zeigt, dass Guattari zu diesem Zeitpunkt vorhatte, den Film als *minoritäres Kino im großen Maßstab* zu produzieren. Vielleicht hatten er und Kramer darauf gehofft, Hollywoods Maschinerie von innen heraus zu unterminieren, und spektakuläre Bilder und Sounds von den normierenden Fesseln konventionellen Erzählens zu befreien, indem sie die erzählerischen Verfahren ad absurdum führten (mit dem Risiko, ins Lächerliche abzugleiten).

Auffällig sind jedoch ihre unterschiedlichen Herangehensweisen an die Geschichte, wie Kramers Notizen und seine Briefe an Guattari verdeutlichen:

> Ich habe an deinem Story-Entwurf gearbeitet und dabei immer versucht, mir vorzustellen, ›wie wir diese Geschichte vor allem visuell erzählen können, sodass sie keiner verbalen Erläuterungen bedarf.‹ Wie du sehen wirst, hat das zu diversen Änderungen geführt, von denen einige ziemlich wichtig sind (zum Beispiel

das Streichen der langen Experimentierphase in der Kommunikation mit UIQ).

Die Kommune wird nicht erwähnt, aber das liegt nur daran, dass wir erst herausfinden müssen, wie wir eine solche Atmosphäre kreieren können. Sie steht in keinem direkten Zusammenhang mit der ›Story‹.[23]

Während Guattari auf der Notwendigkeit eines kollektiven Milieus als Experimentierfeld für Subjektivierungsprozesse beharrt – ein Feld, das ihm außerdem ermöglicht hätte, filmische Repräsentationscodes durch Anleihen bei der Performance-, Tanz-, Installations- und Videokunst noch weiter durcheinanderzubringen – stellt Kramer sich die ganze Geschichte als Rückblende vor, ausgehend von dem Zeitpunkt, an dem UIQ bereits mit dem Bewusstsein des Mädchens verschmolzen ist (in der ersten Fassung heißt sie noch Bernadette), als eine Art zersplitterte, psychogene Fuge, in der wir nicht länger unterscheiden können, zu wem oder was die Erinnerungsbilder gehören.

Ich konzentriere mich jetzt auf die Form, auf die verschiedenen Teile des Ganzen. Irgendwie gefällt mir die Struktur, die sich langsam herausbildet: Erst groß und offen und weit, dann mehr und mehr Fokus auf Bernadette, bis wir schließlich in den Tunnel ihrer Kommunikation mit UIQ einsteigen, einen traumähnlich-psychotischen-subjektiv-obsessiven Tunnel rasant wechselnder mentaler Ereignisse. Wir beginnen am Rand des Meeres und tauchen schließlich in den Strudel.[24]

Kramer will das Publikum eindeutig verwirren, indem er die mentalen Vorgänge einer Subjektivität filmt, die von einem Universum ohne raumzeitliche Grenzen eingenommen wird, einem Wesen, das weder psychologische Stabilität noch eine klare sexuelle Orientierung aufweist. In diesem Szenario sollten die Ereignisse des besetzten Hauses nur als Gedächtnisblitze, ohne jeglichen kohärenten Erinnerungspunkt auftauchen. Die Inszenierung lässt an Alain Resnais' *Ich liebe dich, ich liebe dich* denken, ein Film über einen an Gedächtnisstörungen leidenden Mann (Claude Rich), der glaubt, für den Tod seiner Frau (Olga Georges-Picot) verantwortlich zu sein, und versucht, seine Vergangenheit mithilfe einer Zeitmaschine zu erkunden, die von einem Forscherteam der Regierung zu Experimentierzwecken gebaut wurde. Mit der Ausnahme, dass das erinnernde oder träumende Subjekt hier gleichzeitig auch das Objekt der Erinnerung oder des Begehrens eines Anderen (oder mehrerer Anderer) ist. Die psychotische Passage, die von einem Subjekt handelt, das in sich selbst ein anderes wird, ließe sich auch mit dem filmischen Werk Alain Robbe-Grillets vergleichen, in dem immer wieder unvereinbare, parallel existierende Gegenwarten auftauchen. Man kann sich leicht vorstellen, welch zerstörerische Kraft eine solche Idee in einem Science-Fiction Blockbuster entfalten würde.

Eine zweite, unvollendete Version des Drehbuchs (aus der Zeit um 1983, ebenfalls gemeinsam mit Kramer verfasst) überträgt die Handlung in ein Frankreich der (damals) nahen Zukunft, wo ein integrierter Komplex im Tativille-Stil, mit Einkaufscentern, Medien-, Finanz-, Sport-, Unterhaltungs- und sozialen Rehabilitationseinrichtungen – alles über digital codierte personalisierte

Chipkarten zugänglich – die Koordinaten einer sich herausbildenden Kontrollgesellschaft angesichts des Ausbaus vernetzter Infrastrukturen im Paris Mitterands absteckt.

Die dritte und endgültige Version, von Guattari selbst um 1986-1987 verfasst – die in ihrem Stil am subversivsten ist, und für deren Publikation wir uns entscheiden haben – spielt auf die TAZ (Temporäre Autonome Zone) der deutschen Hausbesetzungen in den 1980er Jahren an und auf die dystopische post-punk Ästhetik solcher Filme wie Muschas *Decoder* oder Ossangs *L'affaire des divisions Morituri*. Allerdings scheint sich UIQ mehr noch als auf irgendeinen spezifischen kulturellen Kontext oder ein Zeichenregime vor allem auf die Bereiche der Ansteckung und der Kontamination zu beziehen. Sein grundlegendes Problem liegt in der kontinuierlichen Übersetzung der unbekannten Sprache seines Universums in eine Reihe instabiler Formen, von denen keine endgültig sein kann. Quantentechnisch gesehen hat die Wellenfunktion einen Vorteil gegenüber dem Teilchen und der Prozess gegenüber dem Produkt.

Das ist einer der Gründe, weshalb das Drehbuch in seinem *désœuvrement* ein so ungewöhnliches Dokument an den Rändern von Guattaris Werk darstellt, eines, das es nicht verdient, auf einen Haufen marginaler *disjecta* abgelegt zu werden. Wie UIQs eigene Subjektivität stellt es sowohl ein *work in progress* als auch eine potenziell unendliche Serie verworfener Versionen dar. Und wie bei den fraktalen Maschinen in *Chaosmose*, geht es bei UIQ um die Überschreitung substanzieller Maßstäbe bei deren gleichzeitiger Hervorbringung. Doch die existenziellen Ordinaten, die es erfindet, sind immer schon da gewesen.

> Wie ist ein solches Paradoxon zu vertreten? Da alles (einschließlich dem rezessiven Glätten der Zeit, auf das René Thom hinweist) möglich wird, sobald man ein Ausreißen des Gefüges aus den energetisch-räumlich-zeitlichen Koordinaten anerkennt. Und hier kommt es uns wieder zu, eine Seinsweise des Seins wiederzuentdecken, in der es davor, danach, hier und überall anderswo ist, ohne jedoch mit sich selbst identisch zu sein; ein prozessuales, polyphones Sein, das dank unendlicher Geschwindigkeiten, die seine virtuellen Kompositionen mit Leben erfüllen, in unendlich komplexifizierbaren Texturen singularisierbar ist.[25]

In ähnlicher Weise nimmt *Eine Liebe von UIQ* als Schriftstück eine paradoxe doppelte oder sogar multiple Zeitlichkeit in Anspruch: obwohl es als Text eines Autors namens Félix Guattari scheinen könnte, als besäße es eine gewisse »formale Identität« oder als Drehbuch den Wunsch, zu einem Film zu werden, ist es ein vollkommen provisorisches, zu endlosen Umschreibungen, Änderungen und Verfehlungen bestimmtes Dokument – eines, das, wären da nicht der Kapitalismus und seine Privilegien, zu einer kollektiven Äußerung hätte werden können.

Bei der Übersetzung des Textes stellt uns das vor ein Problem: sollte man die Übersetzung hier als möglichst exakte Übertragung des genauen Wortsinns, den der Autor gemeint haben könnte, angehen, oder sollte man dem Provisorischen daran Rechnung tragen, als etwas, dass sich durch den Übersetzungsprozess, der eines unter vielen Kettengliedern einer Filmproduktion ist, unweigerlich verändern wird? Sollten wir den Text als zukünftige Verfilmung betrachten? Und falls ja, was wäre das für ein Film? Was bedeutet es, ein Drehbuch zu übersetzen, das nie publiziert wurde, für einen Film, der nie gedreht wurde, fast dreißig Jahre nachdem es geschrieben worden ist? Vielleicht ist hier eine Rückbesinnung auf Walter Benjamins Aufsatz »Die Aufgabe des Übersetzers« sinnvoll, in dem er schreibt: »So wie die Äußerungen des Lebens innigst mit dem Lebendigen zusammenhängen, ohne ihm etwas zu bedeuten, geht die Übersetzung aus dem Original hervor. Zwar nicht aus seinem Leben so sehr denn aus seinem ›Überleben‹.«[26] Bei *Eine Liebe von UIQ* haben wir es mit einem Werk zu tun, dessen Leben in gewisser Hinsicht bereits vollständig dem »Überleben« angehört (oder vielleicht auch einem Prä-Lebenszustand) und das im Grunde ein Gebilde ist, dessen Existenzmöglichkeiten sich ausschließlich auf endlose Übersetzung gründen.

Unser Ansatz bei dieser Übersetzung war ein zweifacher. Wo Guattaris filmische Vision am stärksten und intensivsten hervortritt, in seinen wundervollen Beschreibungen von Gesten, Mimik, Räumen und Atmosphären sowie der vielen aufwändigen Filmkulissen, haben wir mehr oder weniger wörtlich übersetzt, mit Bezug auf die Zeit, in der der Film fiktiv spielt, die 1980er Jahre. Allerdings haben wir die Dialoge gelegentlich leicht abgeändert, um ihren Rhythmus zu straffen und die gewünschte Stimmung von Unbekümmertheit und Respektlosigkeit besser zu vermitteln. Ein weiterer Grund für eine solche Adaption ist die Annäherung an das Setting, das Guattari sich für den Film vorstellt – die geografisch vertriebenen Bewohner'innen des besetzten Hauses in Frankfurt – zu dem amerikanische, französische, dänische, italienische, deutsche und Infra-Quark Exilanten gehört hätten, deren

Interaktionen im Film höchstwahrscheinlich in irgendeiner Form von Englisch stattgefunden hätten. Wir hatten einen Riesenspaß dabei, uns vorzustellen, wie das minoritäre Englisch dieser Gruppe klingen könnte, um von UIQs Sprache ganz zu schweigen.

Post-Skript – Für eine Ökosophie des Unvollendeten

> I'm feeling capable of seeing the end
> I'm feeling capable of saying it's over[27]

> G. D. Das ist ein Film?
> M. D. Es wäre ein Film gewesen.
> *Pause*
> Ja, das ist ein Film.[28]

Oft sind die unscheinbarsten Beweisspuren die faszinierendsten. Aus dem armseligen, übersehenen Fragment erwächst am ehesten ein Begehren. Nehmen wir beispielsweise diesen Brief von Félix Guattari an Michelangelo Antonioni:

> Sehr geehrter Herr,
> Ich habe unseren gemeinsamen Freund Ugo Amati gebeten, Ihnen den Entwurf eines Science-Fiction Drehbuchs zu schicken, das ich verfasst habe: *Eine Liebe von UIQ*.
> Ich wäre Ihnen äußerst dankbar, wenn Sie die Zeit fänden, es zu lesen und es wäre mir noch dazu eine große Freude, wenn sie Interesse hätten, sich an dem Vorhaben zu beteiligen.

Ich habe darin lediglich einige zentrale Ideen dargelegt, die noch detaillierter ausgearbeitet werden müssen. Sollte das Projekt Sie interessieren, würde ich mich sehr freuen, Sie zu einem persönlichen Gespräch zu treffen.

Mit freundlichen Grüßen,
Félix Guattari[29]

Wir wissen nicht, ob Guattari diesen Brief jemals abgeschickt hat oder wann er geschrieben worden sein könnte. Warum hätte er eine Kopie behalten sollen? Aber wie Axel im UIQ Skript sagt: »Was mit der Kommunikation geschieht, ist nicht unbedingt das Wichtigste.« Deshalb haben wir entschieden, ihn wie ein Signal, eine Übertragung von einer entfernten Galaxie zu einer anderen, möglicherweise noch weiter entfernten, zu behandeln, ein Signal, das in der Quanten-Post verloren ging.

Eines ist einigermaßen sicher. Während Guattari mit der Arbeit an seinem Drehbuch begann, war Antonioni dabei, seinen letzten großen Kinofilm, *Identifikation einer Frau*, zu vollenden. In der Schlusseinstellung sehen wir den Protagonisten, einen Filmemacher, der zwischen einer kreativen Krise und einer überlebten Beziehung feststeckt, wie er seine geschlossenen Augen in die Sonne hält. Nach dem wechselhaften Auf und Ab der Geschichte scheint er sich endlich zu entspannen und träumt von einem Science-Fiction Film, den er wahrscheinlich niemals drehen wird, eine Forschungsreise in den Kern des Sonnenofens, die, so hofft er, die Mysterien des Universums offenbaren wird. Die Idee wird visuell in einer täuschend echt wirkenden low-tech

Spezialeffektsequenz aufgegriffen, in der das Raumschiff – ein umgerüsteter Asteroid – in eine pulsierende gelb-orangefarbene Flüssigkeit gesogen wird. Als er aus dem Blickfeld verschwindet, scheinen die Doppeltriebwerke des Asteroiden auf uns zurückzustarren, wie zwei leicht skurrile, aus schwarzen Löchern bestehende Augenhöhlen, die schließlich zu etwas solarisieren, das an die Schlitze einer venezianischen *Settecento*-Halbmaske erinnert. Anschließend verschwindet das Asteroidenschiff im gelben Kern der Sonne, der sich allmählich als geisterhafter Eindruck eines Auges in extremer Nahaufnahme entpuppt.

Als Kontemplation über die Bedingungen, Möglichkeiten und Grenzen des Sehens und Wissens, des Blicks und des Sichtbaren, hätte der Film bei Guattari und seinen Vorstellungen von einer unsichtbaren extraterrestrischen Intelligenz, die einem subatomaren Bereich, noch kleiner als Quarks, entstammt, durchaus einen Nerv treffen können, obwohl er wahrscheinlich auch an *Die mit der Liebe spielen* dachte und an die Art und Weise, wie dessen verschwundene Hauptfigur, die palindromische Anna, den Film selbst in ihrer Abwesenheit noch wie eine Art Wetter beherrscht.

Die Vorstellung einer Zusammenarbeit zwischen Guattari und Antonioni ist reizvoll, eröffnet sie doch noch eine weitere mögliche Variante der Transformation UIQs. Doch so faszinierend diese verlorenen Aussichten auch sein mögen, nachdem wir das Drehbuch in den IMEC-Archiven[30] gefunden hatten, war es der simple Akt des Lesens, der den Film für uns, wie durch eine Art Ansteckung, bereits existieren ließ. Und dies entsprach in gewisser Weise ganz und gar dem Wesen UIQs, einer Entität ohne klare raumzeitliche Grenzen, die sich allein durch das Parasitieren und Nachahmen bereits existierender Materie- und Energieformen verwirklichen kann.

Als wir das Drehbuch 2012 in Frankreich bei Éditions Amsterdam veröffentlichten, in einem Band, den wir selbst gestaltet, ediert und gemeinsam mit der Autorin und Psychoanalytikerin Isabelle Mangou verfasst hatten, und der neben früheren Filmprojekten auch Notizen, Produktionsdokumente und Fragmente von Guattaris Austausch mit Kramer enthielt, hatten wir den Film bereits unzählige Male in unseren Köpfen projiziert. Auch wenn wir das Drehbuch für grundsätzlich unverfilmbar hielten, wollten die Cineastïnnen in uns es dennoch nicht dabei belassen. Wie könnte man dieses flammende Vorhaben nebst UIQs eigener Instabilität und Diskontinuität vermitteln? Vielleicht indem man Wege findet, den Film zu »produzieren« und sein Universum zu realisieren, ohne ihn tatsächlich zu verfilmen.

In dem Aufsatz »Das Drehbuch als ›Struktur, die eine andere Struktur sein will‹« schlägt Pasolini vor, ein unverfilmtes Drehbuch als eigenes Schreibgenre zu denken, eines das den Leserïnnen möglicherweise eine aktivere und partizipativere Rolle offeriert als ein Roman.[31] Aber wer kann schon sagen, ob ein Drehbuch lediglich eine Struktur ist oder sein *Begehren, etwas zu werden* sich ausschließlich auf den zukünftigen Film bezieht? Gerade wenn ein Drehbuch ein Wesen wie UIQ enthält – könnte es dann nicht auch nach anderen Daseinsformen begehren?

Anstelle des Versuchs, Guattaris Skript zu verfilmen, haben wir daher vielmehr eine Reihe von Manifestationen für das Infra-Quark-Universum konzipiert (Performance, Radiotrailer, Installation, fiktive Erzählung, Gerücht...), die im Lauf der Jahre wie ein Relais funktionierten: jede Manifestation wurde teilweise von der darauf folgenden aufgegriffen und umgestaltet. Am Ende führten sie schließlich zu einem experimentellen Essay-Film, *In Search of UIQ (2013)*, der so etwas wie eine Kartographie des raumzeitlichen Kontinuums des Un-Vollendeten bildet. Wie der Titel nahelegt, ist der Film als Suchbewegung zu verstehen und verbleibt als solche in einer Zone der Ungewissheit, er bewegt sich eher in Richtung dessen, was Pasolini als »Notizbuchfilm« bezeichnet. *Nicht* in Richtung eines Films.

Doch das Drehbuch schien weitere Recherchen zu erfordern und die fast dreißig Jahre verlorengegangener Zeit verlangten nach kollektiveren Sichtweisen, was seine Infra-Möglichkeiten betrifft (und verlangen es vielleicht noch immer). In einer Reihe von Zusammenkünften, die in sieben europäischen Städten stattfanden und die wir »*See*ancen« nannten, erweiterten wir die Idee vom Film als Prozess, indem wir Guattaris Drehbuch aus einer Perspektive betrachteten, die UIQs Problem als Entität, deren Werden durch ständige Übersetzung und Transduktion verhandelt werden musste, reflektierte. Wir überlegten, wie der Stoff von *Eine Liebe von UIQ* mit der Frage nach dem unaufhörlichen Verlangen des Drehbuchs, ein Film oder vielleicht etwas anders zu werden, zusammenhängen könnte. Jeder Prozess, durch den eine biologische Zelle eine bestimmte Art von Signalen oder Reizen in eine andere Art umwandelt, kann als Transduktion bezeichnet werden. Genauer gesagt handelt es sich um den Transfer viraler oder bakterieller, bzw. viraler und bakterieller DNA von einer Zelle in eine andere mithilfe eines Bakteriophagenvektors.[32]

Es ging uns darum, Guattaris Film durch einen Ansteckungsprozess zu verwirklichen, bei dem das Drehbuch als *cinebakteriologischer Vektor* fungiert, der den Film und das Infra-Quark-Universum *in potentia* an eine Gemeinschaft von Sehenden oder »Vergegenwärtigenden« überträgt. Anders als bei einer Filmproduktion, durch die UIQs unbestimmte Materie auf ein bestimmtes Darstellungsarsenal reduziert würde, das als Spektakel verwertbar wäre, sollte der Film sich durch sein Nicht-Funktionieren oder seine Funktionslosigkeit[33] als lebendiger Variationsprozess realisieren.

Diese temporären Gemeinschaften (als vage Spiegelung der Hausbesetzerïnnen, die mit UIQ in Kontakt treten) haben sich um das Drehbuch versammelt und UIQ durch das Medium des Skripts in ihren Systemen empfangen, während sie sich den Film und das Universum, das es enthüllt, im Verhältnis zu den jeweils spezifischen kulturellen, politischen und linguistischen Kontexten ihrer eigenen Existenz, ihres eigenen Begehrens und ihren fiktiven Geschichten und Zukünften vorstellten, wobei die Figuren, Handlungen und Ereignisse des Drehbuchs gelegentlich in die Gegenwart übertragen wurden. Diese transduktive Arbeit verkomplizierte die Prozesse, durch die ein geschriebenes Drehbuch normalerweise auf die Leinwand *übersetzt* wird, noch zusätzlich. Durch das Verschmelzen der Rollen von Schreibenden, Regisseurïnnen, Darstellerïnnen und Zuschauerïnnen, war es den vergegenwärtigenden Gemeinschaften möglich, die Territorien des Films sowohl ohne ihn als auch zugleich aus ihm heraus auszuweiten, indem sie das Narrativ und seine affektiven Faltungen vervielfältigten und die Grenzen zwischen der realen und der virtuellen

Projektion verschwimmen ließen. Was auch bedeutete, dass der UIQ-Effekt möglicherweise im Raum anwesend sein konnte, bei ihnen und zwischen ihnen. Die Leute begannen sowohl den Raum als auch die Anwesenheit der anderen unterschiedlich wahrzunehmen, ihre Stimmlage veränderte sich und in der Atmosphäre verschob sich etwas, obwohl der exakte Grund dafür schwer auszumachen war (und möglicherweise auch nicht gewollt).

Nicht nur unser Zeitgefühl, sondern auch unser Verständnis von Zweck und Wirksamkeit sollte sich während dieser Sitzungen, die zu Zonen autonomer Zeitlichkeit wurden und in denen die unbekannte Menge und Intensität der Vision die Währung des Wissens nicht nur entwertete, sondern auch ersetzte, verändern . Im Laufe der Seeancen wurde uns klar, dass wir gar nicht so sehr auf das Drehbuch selbst bauen mussten. Manchmal genügte schon die Andeutung einer Situation oder Szene, um die Vorstellungskraft anzukurbeln. Außerdem gab es Aspekte des Drehbuchs, die manche nicht besonders anregend fanden oder die sie in eine andere Richtung lenken wollten, infragestellen, entsprachlichen, entschärfen, zu infra-Dimensionen verdünnflüssigen …

Mit den Audioaufnahmen dieser Sitzungen und unter Berücksichtigung des potenziellen Begehrens des Drehbuchs und UIQs für ein anderes Werden, haben wir uns entschieden, mit anderen Mitteln einen unsichtbaren Film zu drehen,[34] eine polyphone Soundarbeit, in der all die Stimmen, Visionen und Begegnungsräume koexistieren, sich bereichern und aufeinander aufbauen konnten. Ursprünglich war die Idee, Guattaris Film durch Einblicke in das, was durch die mehr als siebzig Vergegenwärtigende evoziert oder spekuliert worden war »neu zusammenzusetzen« aber während des Mischprozesses, als wir mit der Verräumlichung der Stimmen begannen, haben wir und unser Tontechniker bemerkt, wie parallel zu UIQ noch ein anderer »Film« auftauchte: das Portrait dieser verstreuten Gemeinschaft, die auf einer akusmatischen Ebene kollektiver Äußerungen zusammenläuft und zu einer Art eigenem Wesen wird.[35]

Vielleicht ist es das, was wir uns für Guattaris Film wünschen würden, dass er in einem Quantenbereich weiter existieren kann, als Welle und Teilchen zugleich, als Prozess und Kristallisation, in einer ewigen Wiederkehr des Entstehungszustands, aber einem, der durch seine »Infra«-Dimension ein »anzestrales, tierisches, pflanzliches und kosmisches Werden« fortführt, und die »kollektiven Entitäten, die halb Ding, halb Seele, halb Mensch, halb Tier sind, Maschine und Fluss, Materie und Zeichen«, die »stets neu zu erfinden und stets im Begriff [sind], verloren zu werden.«[36]

Endnoten

1 Félix Guattari, *Chaosmose*, Wien, Berlin 2014, S. 70, 86, 120.

2 Félix Guattari, *Eine Liebe von UIQ*, in diesem Band, S.13.

3 Guattari, *Chaosmose*, a.a.O., S. 29.

4 Guattari, *Eine Liebe von UIQ*, a.a.O., S.10.

5 Vgl. Félix Guattari, *Un amour d'UIQ, Scénario pour un film qui manque*, hg. v. Silvia Maglioni und Graeme Thomson, Paris 2012, S. 282-293.

6 Félix Guattari in Zusammenarbeit mit Daniele Guillerme und Mario Montessano, »Vorwort. Millionen und Abermillionen potentieller Alices«, in: Kollektiv A/traverso, *Alice ist der Teufel. Praxis einer subversiven Kommunikation. Radio Alice (Bologna)*, Berlin 1977, S. 10.

7 Félix Guattari, »Praktiken der Zukunft. Modernität und Maschinismus, Technik und Ökosophie«, in: *Lettre international* 24 (1. Vierteljahr 1994), S. 18-21, S. 19.

8 Franco Bifo Berardi, *Die Seele bei der Arbeit. Von der Entfremdung zur Autonomie*, Berlin 2019, S. 93, 96.

9 Guattari, *Un amour d'UIQ*, a.a.O.

10 Ebd.

11 Guattari, *Chaosmose*, a.a.O., S. 126.

12 Marcel Proust, *Auf der Suche nach der verlorenen Zeit I. Auf dem Weg zu Swann*, Stuttgart 2013, S. 255.

13 Félix Guattari, *Les années d'hiver*, Paris 2009.

14 Neben dem offenkundigen Verweis auf Pris in *Blade Runner* sind hier auch (Vorab-)Echos von Cronenbergs *Die Fliege* und Leos Carax' *Die Nacht ist jung* zu erkennen. Wir können auch davon ausgehen, dass Szenen wie diese in La Borde keine Seltenheit waren, wie der Dokumentarfilm *Le droit à la folie* (Igor Barrère, 1977) bezeugt. In diesem genauen Alltagsportrait von Cour-Cheverny sehen wir Guattaris und Ourys Methoden der fortwährenden Selbst-Erfindung eines kollektiven, wenn auch heterogenen, maschinischen Ökosystems am Werk.

[15] Guattaris bleibendes Interesse an den nicht-linguistischen Komponenten einer semiotischen Vielstimmigkeit findet sich auch in einem weiteren Filmprojekt, dem »Projekt für einen Film *von* Kafka« wieder, das er in den 1980ern grob als Prozess skizzierte, in dem die Entwicklung des Drehbuchs und die Dreharbeiten, die auf die Gesten, Haltungen und den untergründigen Sound der Ausdrucksmaschine Kafkas abzielten und weniger auf die erzählerischen Elemente, in einer Reihe von Workshops erarbeitet werden sollten, mit Beteiligung unterschiedlicher Bereiche, wie etwa Choreographie, Schauspiel, Musik oder Architektur. Vgl. *Projet pour un film de Kafka*, in: Félix Guattari, *Soixante-cinq rêves de Franz Kafka*, hg. v. Stéphane Nadaud, Paris 2007.

[16] Wir beziehen uns hier insbesondere auf die Flut von populären Teenagerfilmen, die vorwiegend im High School Umfeld spielen (von John Hughes Komödien wie *Pretty in Pink* (1986) und *The Breakfast Club* (1985) bis hin zu *Zurück in die Zukunft* (1985-1990) von Robert Zemeckis, die Mitte der 1980er Jahre die Kinokassen füllten und hinter deren Erzählungen von oberflächlicher Revolte sich in der Regel die Aufrechterhaltung repressiver ödipaler Begehrensstrukturen verbarg – obwohl man auch argumentieren könnte, dass *Zurück in die Zukunft* teilweise eine Satire auf derartige reaktionäre Bewegungen war.

[17] Die Metamorphose des Gesichts von UIQ in dieser Szene antizipiert die des Unterseewesens in James Camerons *Abyss* (1989), das, konfrontiert mit dem zerstrittenen Wissenschaftlerpaar, ebenfalls deren jeweilige Gestalt annimmt, wenn sie seinen Blick erwidern, allerdings auf eine rein visuelle, mimetische Weise, die vor allem dazu dient, die Wirkung des Effektes und die Technologie, die das ermöglicht, zu illustrieren.

[18] Wenn wir an zeitgenössische Regisseure denken, deren Werk eine Affinität zum wilden Hin- und Herspringen zwischen den Genres oder ihrer Koexistenz aufweist, wie sie in Guattaris Drehbuch und seiner scheinbaren Missachtung narrativer Kohärenz oder Plausibilität zu finden sind, sollten wir auch das Kino von Jean-Claude Brisseau erwähnen, insbesondere seine Filme *Lärm und Wut* (1983) und *Die*

armen Leute und der liebe Gott (1998).

19 Félix Guattari, »Die Kinowunschmaschinen«, in: ders., *Die Couch des Armen*, Berlin 2011, S. 143f.

20 Robert Musil, *Der Mann ohne Eigenschaften*, Reinbek 1978, S. 275.

21 Clarice Lispector, *Die Passion nach G. H.*, Berlin 1984, S. 21.

22 Vgl. Dialta Lensi Orlandis Brief an Guattari vom 3. August 1982, als auch die Synopse für Hollywood und die entsprechenden Produktionsunterlagen in: Guattari, *Un amour d'UIQ*, a.a.O., S. 271ff.

23 Robert Kramer, Brief an Félix Guattari vom 27.01.1981, ebd., S. 220f.

24 Robert Kramer, Brief an Félix Guattari, undatiert [Frühjahr 1982], ebd., S. 228f.

25 Guattari, *Chaosmose*, a.a.O., S. 69f.

26 Walter Benjamin, »Charles Baudelaire, Tableaux parisiens«, in: ders., *Gesammelte Schriften*, Bd. IV, 1, Frankfurt a. M. 1991, S. 10.

27 CHVRCHES, »Tether«, *The Bones Of What You Believe*, 2013

28 Marguerite Duras, *Der Lastwagen*, Frankfurt a. M. 1978, S. 8f.

29 Félix Guattari, *Un amour d'UIQ*, a.a.O., S. 319f.

30 Die Archive von Guattari und Kramer werden beide im IMEC, dem *Institut mémoires de l'édition contemporaine* in der Abbaye d'Ardenne, einem ehemaligen Kloster, in Saint-Germain-la-Blanche-Herbe (Frankreich) aufbewahrt.

31 Vgl. Pier Paolo Pasolini, »Das Drehbuch als ›Struktur, die eine andere Struktur sein will‹«, in: *Ketzererfahrungen, ›Empirismo eretico‹*, München, Wien 1979, S. 205-216.

32 Vgl. Gilbert Simondon, *Die Existenzweise technischer Objekte*, Zürich 2012.

33 Vgl. Maurice Blanchots Überlegungen zum Begriff »désœuvrement«.

34 Vgl. Pavle Levi, *Cinema by Other Means*, Oxford 2012.

35 Die Soundarbeit wurde erstmals in *The Showroom* in London gezeigt, als Teil unserer Ausstellung »it took forever getting ready to exist: UIQ

(the unmaking-of)«, im Februar/März 2015.

36 Félix Guattari, »Das neue ästhetische Paradigma«, in: *Chaosmose*, a.a.O., S. 130; S.148.

1. FELD, KLEINFLUGZEUG - AUSSEN/INNEN, ABEND 1

Es ist Winter, Zeit der Dämmerung, in der man einen Hund nicht mehr vom Wolf zu unterscheiden vermag. Unwirkliche Atmosphäre. Die Ackerschollen aus schwarzer, klumpiger Erde saugen die Farbe des flächendeckenden Raureifs auf, über dem Feld liegt ein watteartiger Nebel, in den die Luft eine feine Marmorierung schneidet und der eine bizarre, spiegelhafte Kontinuität schafft. Eine Landschaft ohne Horizont und ohne Farben, blutleer, eisig, in seltsame Konsistenzlosigkeit getaucht.

Ein Flugzeug ist zu hören, dann sehen wir es tief über den Acker fliegen. Es handelt sich um eine kleine Piper Malibu, zur Beförderung von Privatpassagieren.

Im Cockpit der Maschine überprüft ein Pilot mit sorgenvoller Miene die Leuchtzifferblätter seines Armaturenbretts. Er wirft einen Blick auf seinen Flugplan, dann schaltet er das Funkgerät ein.

PILOT

Hier Malibu, Frankfurt 2, bitte kommen, hier Malibu, bit…

Eine Hand unterbricht die Verbindung mit autoritärer Geste, der Pilot schaut fassungslos. Der Eindringling ist ein Mann um die Fünfzig,

Fred, der eine seinen kräftigen Körperbau betonende Lederjacke trägt. 1

FRED *(mit starkem amerikanischem Akzent)*
Sie brauchen den Tower nicht anzurufen. Wir landen hier.

PILOT
Sind Sie übergeschnappt, oder was?!

Fred zückt eine Karte, wie ein Polizist.

PILOT
Sind Sie ein Bulle?
(liest die Karte)
Das ist ja nur ein Presseausweis!

FRED *(höhnisch)*
Sie wissen doch: Journalisten dürfen alles.

Fred greift zu seiner Gesäßtasche, der Pilot kriegt Angst, doch statt einer Waffe zieht der Amerikaner eine prall gefüllte Brieftasche heraus. Mit kalkulierter Langsamkeit legt er ein ganzes Bündel 50-Dollar-Scheine auf den Flugplan, dann ein zweites und ein drittes; beim vierten sackt das Flugzeug kurz in ein Luftloch, das ganze Geld rutscht vom Flugplan auf den Boden. Der Pilot gibt nach und beugt sich herunter, um die Geldscheine aufzusammeln. Fred hilft ihm, indem er seinen

Fuß wie den Rechen eines Croupiers benutzt. Der am Boden hockende 1
Pilot wirft einen verschämten Blick Richtung Passagierkabine. In einem der vier Sitze sehen wir den bewegungslosen Körper eines jungen Mannes, halb über der Armlehne liegend. Unterhalb seines Kopfes spielt ein hüpfendes Äffchen mit seinen herabhängenden Haaren.

FRED

Dieser Bengel ist zweifelsohne mehr wert als wir fünf Milliarden Primaten.

(zum Äffchen)

Lass ihn in Ruhe, Lara!

Das Äffchen springt seinem Herrchen auf die Schulter, der hinkend die Sitzplätze abschreitet, er hat ein steifes Bein. Vorsichtig richtet er den jungen Mann wieder auf und stützt dessen Kopf ab.

FRED

Axel? Hörst du mich?

Keine Antwort.

Der Journalist streicht ihm die Haare aus der Stirn, wobei sich die Spur seiner Finger in den Haaren abzeichnet. Axel hat ein hübsches Gesicht, trotz tiefer Ringe, die seine geschlossenen Augen betonen.

Das Flugzeug neigt sich in eine Kurve, der Pilot bereitet die Landung vor. Axel hebt die Augenlider, schaut sich ohne erkennbare Reaktion um, nur um wieder ins Nichts zurückzugleiten. 1

Heftig setzen die Räder auf dem Boden auf, die Maschine wird brutal durchgeschüttelt, bevor sie endlich zum Stehen kommt.

Der Pilot muss schreien, um den Motorenlärm zu übertönen.

PILOT

Beeilen Sie sich! Hauen Sie endlich ab!

FRED

Wenn Sie mir helfen, geht es schneller.

PILOT

Ein Journalist wird doch wohl noch allein klarkommen, oder?!

Fred zuckt verächtlich mit den Schultern, dann zieht er am Hebel, mit dem die Tür geöffnet wird.

Die eiskalte Luft lässt ihn erschauern, mit zusammengezogenen Augenbrauen sucht sein Blick die über dem Feld liegenden Dunstschwaden ab. Das Äffchen auf seiner Schulter beginnt zu zittern, er versteckt es unter seiner Lederjacke.

Axels Sitzplatz ist jetzt leer, durch die Erschütterungen bei der Landung ist er ganz auf den Boden gerutscht, nur seine beiden nackten Füße sind zu noch zu sehen, Fred packt sie und zieht ihn zur offenen Tür (der junge Mann trägt lediglich ein Sweatshirt und eine Jeans). Um zu vermeiden, dass er sich am Kopf verletzt, greift ihm der Journalist unter die Arme. 1

Kaum sind Fred, das Äffchen und Axel von Bord, da schließt der Pilot wieder die Tür, gibt Vollgas und fliegt davon.

Vorspann-Musik.

Ein merkwürdiger Anblick, wie der hinkende Journalist Axel mühsam durch den Dunst schleift.

2. BUNDESSTRASSE - AUSSEN, NACHT 2

Die Nacht ist angebrochen, als Fred endlich das Ende des Feldes erreicht. Das Geräusch fahrender Autos von einer tiefer gelegenen Bundesstraße aus ist zu hören.

Ein erschöpfter Fred lässt Axel zu Boden sinken, nicht ohne darauf zu achten, ihm zuvor eine Tasche unter den Kopf zu schieben. Trotz der Kälte schwitzt Fred stark, er wischt sich über Gesicht und Nacken.

Er schaut sich in der Umgebung um, dann beschließt er, Axel allein zu-

rückzulassen und zu einer in mehreren hundert Metern Entfernung aufleuchtenden Tankstelle auf der anderen Straßenseite zu gehen. Unfähig, die Fahrbahn zügig zu überqueren, bahnt Fred sich seinen Weg und zwingt dabei die Autos zu gefährlichen Bremsmanövern. Heftiges Gehupe. Axel setzt sich auf und schaut, was da los ist. 2

3. TANKSTELLE - INNEN, NACHT 3

Die Gänge zwischen den Regalen mit Krimskrams, Autozubehör und Süßigkeiten, die den Benzinverkauf ergänzen, sind menschenleer.

Seltsamerweise drängen sich alle Kunden um die Kasse: Sorgenvoll hören sie die neuesten Nachrichten, die in einem Transistorradio laufen.

NACHRICHTENSPRECHER *(off)*

… am Mikrofon ist Dieter Magen, sie hören Radio Frankfurt. Die Störungen der Radiowellen in den letzten Wochen haben ein Ende gefunden. Sondereinsatzkräfte der NATO haben in einem Brüsseler Vorort einen Piratensender entdeckt …

FRED *(zu sich selbst)*

Von wegen ›entdeckt‹! Alles in die Luft gejagt haben sie …

NACHRICHTENSPRECHER *(Forts.)*

… leider ist den Terroristen die Flucht gelungen. Deshalb ist nach wie vor nicht bekannt, wie die Gruppe vorgegangen ist und um welche Personen es sich handelt … die Bundesregierung und die Internationale Untersuchungskommission erneuern daher ihren Appell an die Bevölkerung, sämtliche verdächtigen Aktivitäten zu melden … 3

Fred nimmt sich eine Keksschachtel und reißt sie auf, während er auf eine Telefonzelle zugeht. Er nimmt den Hörer ab, führt eine Telefonkarte mit Magnetstreifen ein, vergewissert sich, dass ihm niemand zuhört und wählt schließlich eine Nummer.

FRED

Hallo? Associated Pictures and Press? Es ist dringend, geben sie mir Neil Baster …

Er schiebt seine freie Hand mit einem Keks unter seine Lederjacke, das Äffchen schnappt ihn sich.

FRED

Hallo, Neil, bist du's? Erstklassiger Tipp … Aber es war ein ganz schön krasser Ritt!

NEIL *(off)*

Wo steckst du? Wo steckst du?

FRED

Sie hätten uns beinahe abgeknallt … ich konnte ihn neutralisieren und mitnehmen, jetzt ist alles einigermaßen in Ordnung.

NEIL *(off)*

Er ist bei dir? Wo steckt ihr denn?

2. STIMME *(off, angsteinflößend)*

Herr Newman, Sie müssen uns Ihre Position durchgeben.

FRED

Was ist hier los? Wer sind Sie? Geben Sie mir Neil, Herr Gott noch mal!

NEIL (off)

Fred, das musst du verstehen. Wir können es uns nicht erlauben, ihn entwischen zu lassen … Sag uns, wo du bist!

FRED

Vergiss es! Sowas mache ich nicht mit. Ich bin Journalist und kein Bulle!

NEIL *(off)*

Du blickst ja gar nicht durch. Spiel jetzt nicht verrückt!

FRED 3

Hör zu: Ich habe die Fotos und ich habe den Typen. Wenn du den Artikel nicht mehr machen willst, kümmere ich mich selbst darum, und basta!

NEIL *(off)*

Drehst du jetzt völlig durch? Du kapierst gar nicht, was auf dem Spiel steht!

FRED

Ich wiederhole: keine Zusammenarbeit mit den Bullen. Friss oder stirb.

2. STIMME *(off, drchend)*

Herr Fred Newman, sie gehen das Risiko ein, verhaftet zu werden oder noch wesentlich unangenehmere Scherereien zu erleben.

FRED

Sie können mich mal am Arsch lecken!

Wütend legt Fred auf und verlässt die Telefonzelle.

4. TANKSTELLE - AUSSEN, NACHT 4

Er schickt sich an, die Bundesstraße wieder in die andere Richtung zu überqueren, da fährt ihn um ein Haar ein dreirädriger, mit Gemüsekisten beladener Mini-Transporter über den Haufen. Gerade noch rechtzeitig springt er beiseite, dabei erkennt er, dass es Axel ist, der am Steuer sitzt. Der junge Mann, noch ganz verschlafen, kann kaum die Augen offenhalten, fährt Zickzack, rammt ein Hindernis und würgt den Motor ab. Fred hastet zu dem Fahrzeug hinüber, drängt Axel auf die Ladefläche und übernimmt das Steuer. 4

5. BUNDESSTRASSE - AUSSEN, NACHT 5

Der Mini-Transporter fährt an aus zahlreichen kleinen Gebäuden bestehenden Arbeitersiedlungen vorbei, die wirken, als wären sie verschämt aus dem umgebenden Ödland herausgewachsen.

Axel wirft Kisten mit Tomaten über Bord, weil sie ihn stören.

FRED

Hör auf damit. So wird man uns noch entdecken!

AXEL

Entdecken? Ha, ha! Was will der überhaupt von mir? He, ich rede mit dir: Was willst du von mir?

FRED

Vertrau' mir.

AXEL 5

Der macht mir Spaß. Erst schlägt er mich k.o., dann sagt er: ›Vertraue mir‹.

FRED

Soll ich dich lieber bei den Bullen abgeben? Das ist schnell getan, wenn du willst.

AXEL

Ist mir doch egal, Arschloch! Los, gib mir deine Treter, ich hab' kalte Füße.

6. MEGA-SUPERMARKT - INNEN, NACHT 6

Kunden gehen durch die Gänge, meist Paare, zum gedämpften Klang einer klebrigen Musik, die für solche Orte charakteristisch ist.

Am Ende einer Regalreihe sieht man Axel auf einem Hocker sitzen, seine Füße Fred entgegenstreckend, der ihm, ungelenk vornübergebeugt, ein Paar Turnschuhe anprobiert.

Der junge Mann unternimmt keinerlei Anstrengungen, dem Journalisten behilflich zu sein, im Gegenteil: Er schaut ihm mit hämischer Miene zu.

FRED 6

Sind die nicht ein bisschen zu klein? Stell dich mal hin.

Axel steht auf und bewegt die Füße in den Schuhen.

AXEL

Die sind eher ein bisschen zu groß.

FRED

Dann geht das so, wir haben keine Zeit zu verlieren!

Er hebt den Schuhkarton auf, klemmt ihn sich unter den Arm und geht Richtung Kasse.

Als er merkt, dass der Andere ihm nicht folgt, dreht er sich wieder um: Axel trippelt wie eine Chinesin aus dem Kaiserreich, weil seine Turnschuhe noch an den Schnürsenkeln zusammengeknotet sind.

7. FRANKFURT INNENSTADT - AUSSEN, NACHT 7

Der Mini-Transporter fährt durch die Frankfurter Innenstadt, wo die Straßen und Häuser im Stil der Zeit vor den Bombardierungen des Zweiten Weltkriegs gehalten sind.

Als das Fahrzeug einer Kreuzung vor einer roten Ampel stehen bleibt, bellt Axel plötzlich aus vollem Hals das Äffchen an, welches in Panik gerät und versucht, Axel zu beißen. 7

Fred trennt die beiden Kontrahenten.

Die Ampel springt auf grün, der Motor des Mini-Transporters säuft ab.

Verärgerung bei den Fahrzeugen, die dahinter stehen, ohne passieren zu können.

Mehrmals versucht Fred vergeblich, den Mini-Transporter wieder zu starten.

FRED

Raus aus der Karre, wir müssen abhauen.

Er zieht ihn am Ärmel. Die beiden laufen in eine Querstraße, den Verkehr hinter ihnen im Stau zurücklassend.

AXEL

Wohin gehen wir denn?

FRED

Zu einem Freund, wir werden uns verstecken.

Sie kommen auf einen großen, von Leuchtreklamen beherrschten Platz. Vor einem Hochhaus stehen mehrere Polizeifahrzeuge mit eingeschaltetem Blaulicht. 7

FRED

Zurück, schnell …

8. CLUB - INNEN, NACHT 8

Viele Geräuschquellen vermischen sich in einer Diskotheken-Bar: Disco-Musik, Computerspielautomaten, Gespräche …

Die Kundschaft des Ladens ist skurril und multiethnisch: junge Arbeitslose, Randgruppen, Drogenabhängige … Viele von ihnen haben sich dem DJ-Pult zugewandt; dort steht Janice, eine wunderschöne Punk-Frau, die offensichtlich über diese verrufene Welt herrscht. Ein Typ kommt zu ihr und legt seinen Arm um ihre Taille, sie stößt ihn weg.

TYP

Was hast du denn?

Janice seufzt achselzuckend. Dann fällt ihr Blick auf einen anderen jungen Mann (Helmut), sie lächelt ihn an und gibt ihm ein Zeichen. Helmut steht auf und bahnt sich einen Weg durch die Menge bis zu ihr, sie packt seinen Hals und küsst ihn.

Nachdem sie die anderen umstehenden Jungs herausfordernd angeschaut hat, wechselt sie die Platte und zieht den jungen Mann auf die Tanzfläche. Sie tanzt stylish, er versucht, sie nachzuahmen. 8

JANICE

Was hast du nachher noch vor?

HELMUT

Nach was?

Der zurückgewiesene Typ setzt sich wieder an seinen Tisch.

TYP

Was für eine Schlampe!

Gekicher der Umstehenden begleiten seinen Ausspruch. Doch sein Schlechte-Laune-Anfall endet jäh.

TYP

Was ist denn das für einer?

Axel ist im Türrahmen erschienen.

EIN ANDERER

Den habe ich hier noch nie gesehen.

Hinter Axel steht Fred, nicht gerade wild entschlossen einzutreten. 8

FRED

Sei vorsichtig an so einem Ort, Axel …

Axel verdreht die Augen, dann geht er durch den Raum bis zur Bar, bestellt ein hartgekochtes Ei, pellt es, dann geht er lässig zu einem Flipper.

Fred, sichtlich verlegen, versucht, nicht aufzufallen und setzt sich in eine Ecke.

Axel isst sein Ei, dann macht er Zeichen Richtung Fred, dass er kein Kleingeld zum Flippern hat. Widerwillig steht Fred auf.

FRED

Du kannst dich auch mal bewegen! Ich bin doch nicht dein Lakai.

Er drückt ihm ein paar Münzen in die Hand und schaut sich voller Unbehagen um.

FRED

Ich bin nicht scharf drauf, hier abzuhängen, kranker Laden.

AXEL

Geh, wohin du willst, wir sind ja nicht gezwungen, ein Team zu bilden.

Er fängt eine Flipperpartie an. Fred mustert ihn, ohne etwas zu sagen.

AXEL

Wieso guckst du mich so an? Bist du schwul, oder was?

Fred zieht den Kopf zwischen die Schultern und tritt einen Schritt zurück. Er stößt mit Janice zusammen.

JANICE

Aus dem Weg.
(zu Axel)
Du erlaubst?

Ohne Axels Antwort abzuwarten, zieht sie ihn vom Flipper weg und spielt an seiner Stelle.

Von der Tanzfläche aus beobachtet Helmut verdrossen die Szene.

Janice spielt sehr geschickt.

AXEL

700.000! 800.000! 2.000.000! Die ist ja super, die Alte!

Um seiner Begeisterung für Janices Heldentaten noch deutlicher Ausdruck zu verleihen, macht Axel plötzlich einen Rückwärtssalto. Janice ist verblüfft und unterbricht ihr Spiel.

Alle im Raum schauen auf die beiden.

FRED (zu Axel)

Komm! Komm jetzt, Mann, hör auf mit den Faxen.

AXEL

Auf keinen Fall, das ist das Spiel des Jahrhunderts!

Er steckt eine Münze in den Flipper, Janice dankt es ihm mit einem Augenzwinkern und lädt ihn ein, gemeinsam mit ihr weiterzuspielen.

JANICE

Woher kommst du? Du bist nicht von hier.

AXEL

Nein, ich bin Belgier.

Fred wird wütend und tritt gegen den Flipper, Tilt - alles geht aus.

JANICE 8

Was für ein Wichser, dieser Typ!

Fred packt Axel mit festem Griff und zieht ihn Richtung Ausgang.

AXEL

Pass auf, du tust mir weh!

Janice schlängelt sich zwischen den Tischen hindurch zu Helmut. Sie flüstert ihm etwas ins Ohr. Er will sie umarmen, sie entzieht sich.

JANICE

Tu mir den Gefallen und lös mich ab … Komm schon, bitte!

9. CLUB, TAXI - AUSSEN/INNEN, NACHT 9

Fred versucht, Axel vom Club fortzuziehen.

FRED

Du Vollidiot!

AXEL

Geh mir nicht auf die Eier, klar?!

FRED

Du bist echt irre, in Bars wimmelt es von Bullen. Dieses Mädel …

AXEL

Die? Da vertust du dich.

JANICE

Hey Jungs! Wohin geht ihr?

Sie hat sich eine Jacke übergeworfen und kommt den beiden hinterhergerannt.

AXEL *(packt sie am Jackenkragen)*

Und du, wohin gehst denn du? … Ist bei dir zu Hause noch Platz?

(einen Blick Richtung Fred werfend)

Wir haben ein kleines Problem, verstehst du?

JANICE *(mit wissender Miene)*

Ja, klar.

Ein Taxi kommt, Janice hebt den Arm, der Wagen hält direkt vor ihr. Weil er schlecht wie ein Depp auf der Straße stehenbleiben kann, sieht sich Fred gezwungen, mit den beiden zusammen ins Taxi zu steigen.

JANICE *(zum Taxifahrer)* 9

Oberstraße 24.

TAXIFAHRER

Wo ist das denn?

JANICE

Bei den Ringtürmen-Nord.

TAXIFAHRER

Da fahre ich nicht hin.

JANICE

Fahr schon los und geh uns nicht auf den Sack.

Der Taxifahrer schweigt und fährt los, Janice beginnt ein Gespräch mit Axel.

JANICE

Du sagtest, du bist Belgier?

AXEL

Ja, aus Brüssel.

JANICE

Da ist ziemlich was los, heißt es.

Fred tritt Axel heftig gegen das Bein. 9

JANICE

Und was machst du so?

AXEL

Wie meinst du das, was ich so mache?

JANICE

Na, im Leben.

AXEL

Nichts. Ein bisschen Biochemie, halt. Und du?

JANICE

Hast du doch gesehen.

AXEL

Ja, okay, aber studierst du nicht auch?

JANICE

Doch, klar: Philosophie, Psychologie, Soziologie, diesen ganzen Unsinn eben. … Igitt, was ist denn das?

Janice zeigt auf das Äffchen, das gerade gekackt hat.

JANICE *(zu Fred)* 9

Können Sie Ihrem Baby nicht mal den Arsch abwischen?

TAXIFAHRER

Was stinkt denn hier so?

Fred nimmt ein Papiertaschentuch und macht sauber.

Janice flüstert Axel etwas ins Ohr, er antwortet ihr auf dieselbe Weise. Sie lacht laut auf.

FRED *(zu Axel)*

Hör jetzt auf mit dem Quatsch!

JANICE

Was denn?! Darf er nicht mit mir reden?

Sie packt Axel am Nacken und küsst ihn auf den Mund. Der Wagen fährt eine Straße hinunter und entschwindet in der Dunkelheit.

10. STRASSE BEI DEN RINGTÜRMEN-NORD - AUSSEN, NACHT 10

Das Taxi hält abrupt an, weil es mit einem Reifen in einem Schlagloch der ramponierten Fahrbahn steckenbleibt.

TAXIFAHRER 10

Weiter fahre ich nicht.

Er drückt den Knopf für die Zentralverriegelung. Janice steigt aus, Axel folgt ihr auf dem Fuß.

FRED

Wartet auf mich!

Der Taxifahrer dreht sich zu Fred um und hält ihm eine abgesägte Schrotflinte vor die Brust.

Sofort zückt Fred seine Brieftasche und reicht dem Taxifahrer einen Geldschein. Der hält seine Waffe weiter auf Fred gerichtet und zeigt mit dem Kinn auf den Beifahrersitz.

TAXIFAHRER

Leg's da hin! Komm schon, leg's hin! Aber behalte die Hände oben und keine falsche Bewegung!

FRED

Immer mit der Ruhe!

TAXIFAHRER

Ich habe die Schnauze voll von den Ringtürmen! Jeder weiß

doch, was in den Ringtürmen los ist! Affen, Nutten, Drogen, Juden! 10

Fred nimmt das Äffchen, steckt es sich unter die Lederjacke und steigt aus.

FRED

Na, dann tschüss!

Der Taxifahrer legt seine Flinte weg.

TAXIFAHRER

Auf Wiedersehen, der Herr. Trotz allem danke.

(zeigt mit ausgestrecktem Arm die Straße hoch)

Die Nummer 24 ist da oben.

FRED

Was?

TAXIFAHRER

Da hinten, sehen Sie?

Das steckengebliebene Rad dreht im Rückwärtsgang heftig durch, das Taxi macht eine Wende und fährt davon.

Brachflächen, Fabrikmauern, der Stadtteil erscheint verwahrlost.

43.

In der Ferne metallische Geräusche, eine unheimliche Atmosphäre. 10

Fred geht die Straße hoch, in die Richtung, in die der Taxifahrer gezeigt hatte, man hört seine Sohlen auf dem Schotter knirschen.

Bei der 24 angelangt, stößt er ein rostiges Gitter auf und betritt einen Hof voller alter Fässer, Kisten und Eisenschrott …

Der Hof wird auf drei Seiten von halb verfallenen Lagerschuppen begrenzt. Fred erkundet sie mit einer Taschenlampe. Im hintersten Schuppen bemerkt er eine Eisentreppe, die er vorsichtig hochsteigt.

Durch eine Fensterluke im ersten Stock entdeckt er, dass hinter diesem Schuppen ein weiteres Gebäude verborgen liegt: Laken hängen zum Trocknen auf einer Terrasse.

Fred geht die Eisentreppe wieder herunter, auf der Suche nach einem Zugang zur anderen Gebäudeseite. Plötzlich stolpert er über etwas. Ein Fluchen ist zu hören. Im Lichtkegel seiner Taschenlampe taucht ein fürchterliches Gesicht auf, ein vom Alkohol zerstörter Obdachloser wälzt sich zwischen etlichen leer getrunkenen Flaschen.

FRED

Sorry!

Der Typ grummelt etwas Unverständliches. 10

FRED

Wie kommt man auf die andere Seite?

Der Typ schnappt sich eine der leeren Flaschen und wirft sie Richtung Fred. Der Lärm von zersplitterndem Glas.

Nach einer Weile findet Fred den Zugang zu einem zweiten Hof, der vollkommen anders aussieht als der erste. Hier gibt es Blumenkästen, ein Portal mit Säulen, eine Schaukel … Alles ist sauber und gepflegt. Er befindet sich am Fuße eines gut erhaltenen Industriegebäudes. Die einzige Haustür ist abgeschlossen. Die Fenster sind nicht besonders hoch. Fred gelingt es, auf den Sims zu klettern. Mit einer großen Kraftanstrengung gelingt es ihm, ein Schiebefenster zu öffnen und sich ins Innere zu hieven …

11. FABRIK - INNEN, NACHT 11

Ein gellender Kinderschrei ertönt. Das Äffchen entwischt Fred, man hört es durch den Raum hüpfen. Eine Tür geht auf. Licht geht an. Janice erscheint.

JANICE *(zum kleinen Mädchen)*

Hab' keine Angst, hab' keine Angst, er ist ein Amerikaner.

MANU

Kennen wir den?

JANICE

Ja, ja, wir kennen den.

Man sieht, dass auf der einen Seite dieses riesigen Raumes eine Art Schlafecke für ein Kind eingerichtet ist, während auf der anderen ein bärtiger Vierzigjähriger ausgestreckt in einer Hängematte liegt.

ROBERT

Licht aus! Ich hab' die Schnauze voll!

JANICE *(zu Fred)*

Mach nicht so viel Lärm und komm rüber.

FRED

Ist Axel dort?

JANICE

Ja doch, er ist da, dein großer Coup! Keine Sorge!

FRED *(entsetzt)*

Was?! Was hat er dir erzählt?

JANICE 11

Ist doch normal, dass er mir Sachen sagt! Findest du nicht? Was denn, wir sind jetzt miteinander bekannt, er ist mein Freund!

Fred schaut sich beunruhigt um. Er greift nach dem Äffchen, doch es ist schneller als er.

Alle drei verlassen den großen Raum und gehen nach nebenan.

12. ZIMMER VON JANICE - INNEN, NACHT 12

Das Zimmer von Janice ist kleiner als der vorige Raum und sieht aus wie eine Bibliothek. Die Wände sind vollgestellt mit Bücherregalen. In einer Ecke ein großes Bett. In einer anderen eine Badewanne, in der sich Axel gerade duscht.

AXEL *(zu Fred)*

Da bist du ja. Wo warst du? Wir haben dich überall gesucht.

FRED

Idiot!

Axel kichert.

Das kleine Mädchen gießt dem Äffchen etwas Milch in eine Untertasse. 12

FRED

Keine Milch, auf gar keinen Fall Milch!

MANU

Wieso? Kriegt es dann Bauchweh?

FRED *(das Äffchen hochhebend)*

Ganz genau.

(geht mit großer Entschlossenheit zu Axel hinüber)

Ich will dir was erklären, ich habe das Gefühl, dass du nicht begriffen hast, in welcher Lage wir stecken.

Axel spritzt Fred den Wasserstrahl seiner Dusche mitten ins Gesicht. Der Amerikaner wird so wütend, dass es ihm egal ist, wie nass er wird, und schlägt ihn mit voller Wucht auf den Rücken. Axel springt brüllend aus der Badewanne.

AXEL

Hilfe, Janice, Hilfe!

Janice muss laut lachen. Verlegen reißt sich Fred wieder zusammen. Er zieht seine klitschnasse Lederjacke aus und lässt sie auf den Boden fallen.

FRED

Beruhige dich und hör auf, den Idioten zu spielen.

Axel macht einen Flickflack und gleitet direkt unter die Bettlaken.

Der verdutzte Fred lässt sich in einen Sessel fallen. Manu hebt die nasse Lederjacke auf und legt sie sorgfältig über eine Stuhllehne.

AXEL *(zu Janice)*

Kommst du?

Janice schaut zu Fred. Die Anwesenheit des Journalisten macht sie befangen.

AXEL *(zu Fred)*

Hör mal, Alter: Wie wär's, wir reden morgen über das alles?

MANU *(zu Fred)*

Lass die doch in Ruhe und komm mit mir mit.

Widerwillig erhebt sich Fred und geht auf das Bett zu, da reißt Axel das Laken hoch und strampelt mit den Beinen, als wollte er sich gegen einen Widersacher schützen.

FRED 12

Pass auf dich auf. Mir ist es im Grunde scheißegal, aber du gehst noch hops, wenn du weiter den Irren spielst.

Er verlässt den Raum, geleitet von Manu, die seine Jacke wieder an sich genommen hat.

13. FABRIK - INNEN, NACHT 13

Man folgt ihnen einen langen Flur entlang, der zu einem großen, als Küche eingerichteten Raum führt. Fred schaut sich besorgt um.

FRED

Was ist das denn hier?

MANU

Na, die Küche.

FRED

Die Küche von wem?

MANU

Von allen.

FRED

Wie: ›von allen‹? Ist das eine Kommune?

MALOU

Ja, naja, nein. Wie man will. Robert hätte gerne, dass es eine Kommune ist, aber niemand gehorcht ihm.

FRED

Wer ist Robert? Dein Papa?

MANU

Oh nein! Ich habe keinen Papa, ich tue, was ich will.

Sie steigen eine Eisentreppe hoch, an deren oberen Ende sich eine Klappe befindet. Fred hilft Manu, sie anzuheben. Ein großes Zimmer kommt zum Vorschein. Ein junger, sehr eleganter schwarzer Mann (Steve) testet gerade einen Computerspielautomat. Er begrüßt Fred mit einem Nicken. Der Amerikaner, neugierig, erwidert die Geste.

FRED *(zu Manu)*

Wohnt der auch hier?

MANU

Er arbeitet hier, schläft hier aber nicht. Jennifer hat ihn mitgebracht.

Das Zimmer führt zu der Terrasse, auf der Laken zum Trocknen hängen. Am anderen Ende der Terrasse eine Waschküche … 13

14. WASCHKÜCHE - INNEN, NACHT 14

Zwischen Wäschekörben, Waschmittelkartons und Waschmaschinen liegt ein Mann ausgestreckt auf einer Doppelmatratze. Er hat die Augen weit aufgerissen, sein Blick ist starr. Plötzlich richtet er sich ruckartig auf, mit steifem Rücken, als wäre das Hüftgelenk das einzige Gelenk in seinem Körper.

ERIK *(auf Fred zeigend)*
Wer ist das?

MANU
Er ist ein Amerikaner. Wir kennen ihn. Er hat einen Affen.

Mit derselben Bewegung legt er sich wieder hin. Manu zeigt mit dem Finger auf den freien Platz neben Erik.

MANU *(zu Fred)*
Leg dich doch einfach da hin.

Sie holt eine Decke aus einem Wäschekorb. Fred steht regungslos da, mit herabhängenden Armen, verdutzt.

MANU 14

Muss ich dir auch noch das Bett machen?

FRED

Danke, geht schon.

Sie verlässt den Raum. Resigniert legt Fred sich hin.

ERIK

Rutsch mal!

FRED

Was?

ERIK

Leg dich an den Rand. Du störst Franz und Dominik.

FRED

Was? Wo?

Ein verwirrter Fred lässt zwischen sich und Erik ganz viel freien Platz.

Sobald er sich hingelegt hat, streckt Erik den Arm aus und schaltet eine direkt neben der Matratze stehende Waschmaschine ein. Die metallischen Vibrationen scheinen ihm köstliche Empfindungen zu bereiten.

15. ZIMMER VON JANICE - INNEN, NACHT 15

Axel und Janice liegen nackt auf dem Bett. Sie plaudern.

JANICE

Du bist bei dieser Sache also von Anfang an dabei?

AXEL

Und wie! Ich habe diese Sache, wie du das nennst, aufgezogen.

JANICE

Wieso wolltest du so ein Chaos mit all den Fernsehsendern, Telefonen und Satelliten veranstalten? …

AXEL

Ich wollte überhaupt nix. Übrigens ist das, was mit den Kommunikationssystemen passiert, im Grunde eh nicht das Wichtigste.

JANICE

Wie meinst du das?

AXEL

Das ist, äh … sehr kompliziert. Schau, das ist eine Sache, die eine sagenhafte Kraft in sich trägt …

Man sieht, dass Manu wieder ins Zimmer gekommen ist. 15

MANU

Eine Russen-Sache?

JANICE

Das ist nix für dich, ab ins Bett!

Manu umarmt die beiden.

MANU

Gute Nacht, Janice. Gute Nacht, mein Herr!

Sie greift mit beiden Händen Axels Ohren und betrachtet sein Gesicht aus der Nähe.

AXEL

Aua! Du tust mir weh!

MANU

Ist ja gut, dann geh' ich mal.

Sobald Manu das Zimmer verlassen hat, wirft sich Axel auf Janice und beginnt, sie stürmisch zu liebkosen. Janice zieht sich aus.

JANICE 15

Was genau soll das sein?

AXEL

Was soll was sein?

JANICE

Na, diese Kraft.

Axel lässt von ihr ab.

AXEL

Das ist wie kosmische Energie … Na ja, nicht wirklich kosmisch …

Erregt setzt sich Janice rittlings auf Axel.

Durch Doppelbelichtung erscheinen zelluläre Mikroorganismen im Bild, die in bestimmten Intervallen blinken. Dieses fluoreszierende Pumpen ist von variabler Dauer und Frequenz: drei kurzen Blinkern folgen zwei lange, dann fünf kurze, dann nichts mehr, bis es mit einer identischen Abfolge wieder losgeht.

16. CHRONOBIOLOGISCHES LABOR - INNEN, TAG 16

Die Fluoreszenz-Phänomene werden von Axel mit Hilfe eines Elektronen-

mikroskops beobachtet. Man sieht den jungen Mann über das Gerät gebeugt. Er trägt einen Chemiker-Kittel, dessen Weiß durch das Neon der Deckenbeleuchtung noch greller wirkt.

Das Mikroskop ist mit einem Oszilloskop verbunden, auf dem Boden des Labors kringelt sich die Schlange eines Papierstreifens, auf den die Nadel des Apparats die den beobachteten Phänomenen entsprechenden Rhythmen zeichnet.

Es entsteht der Eindruck, als würden die Mikroorganismen eine Art Morse-Code verwenden. Dieser Eindruck wird noch dadurch verstärkt, dass der junge Mann mit seinen Fingern auf der Mikroskop-Tischplatte rhythmisch mittrommelt.

Plötzlich öffnet sich eine Tür, wodurch abrupt ein Fenster aufreißt. Der Luftzug lässt den Papierstreifen wie ein Wimpel durch die Luft flattern, direkt vor der Nase desjenigen, der gerade eingetreten ist: ein Mann in seinen Dreißigern, der Direktor des Labors. Unbeeindruckt von der plötzlichen Störung wendet Axel sich ihm sofort zu.

AXEL

Es ist geschafft, schauen Sie! Ich konnte einen regelmäßigen Mikro-Rhythmus feststellen, ausgesandt durch die Chloroplasten. Das ist großartig! Wenn mir das mal nicht den Nobelpreis einbringt! Das ist die Sensation des Jahrhunderts, eine Sprache! Jedenfalls eine Art Sprache, und sie kommt aus den tiefsten Tiefen der Zellstruktur.

Der Direktor lächelt. Er wischt sich mit der Hand den Papierstreifen vom Revers.

DIREKTOR

Darf ich mir erlauben, den zukünftigen Nobelpreisträger zu bitten, das Fenster wieder zu schließen?

Axel gehorcht.

AXEL

Die Chloroplasten dieses Mutantenstamms von Phytoplankton senden Botschaften aus. Dem stimmen Sie doch zu?

LABORLEITER *(spöttisch)*

In gewisser Weise.

AXEL

Und wie! Sie machen einen Fehler, wenn Sie das nicht ernst nehmen. Ich habe da übrigens eine Idee, sie werden mir dabei helfen. Ich möchte dem Stamm Lichtimpulse zurücksenden, um zu sehen, ob er sie empfängt und ob er seine Antworten modifiziert.

Das verblüffte Gesicht des Labordirektors. 16

AXEL

Finden Sie es nicht normal zu antworten, wenn man mit Ihnen spricht?

17. ZIMMER VON JANICE - INNEN, NACHT 17

JANICE

Und?

AXEL

Und was?

JANICE

Was ist dann passiert? Erzähl mir alles, sonst verpfeife ich dich bei den Bullen!

Sie nimmt Axel in den Schwitzkasten, doch der befreit sich, springt auf, nimmt Anlauf und rennt an einer Wand beeindruckend weit hoch, bevor er mit einem Backflip wieder zum Stehen kommt.

AXEL *(auf seine Füße fallend)*

Mich kriegst du nicht! Okay, der Direktor des Labors war zwar ein Arsch, aber er blieb locker. Er hat mich das Experiment durchführen lassen. Das Problem war nur: Es hat nicht funktioniert, also haben sie mich gefeuert.

JANICE

Scheiße!

AXEL

In gewisser Hinsicht war's mir egal, denn ich hatte eh schon beschlossen, auf eigene Faust weiterzumachen. Mir war klar geworden, dass ich Mist gebaut hatte, ich begriff, wenn es mit Lichtwellen nicht klappt, muss man es mit was anderem versuchen. Also habe ich es noch mal mit Radiowellen gemacht, dafür hatte ich mir ein kleines Labor in einem Vorort von Brüssel eingerichtet, und das hat dann funktioniert!

JANICE

Fantastisch! Mit Radiowellen! Frequenzmoduliert?

AXEL

Ja, natürlich!

JANICE

Und wie hat es reagiert?

AXEL

Warte, du bist zu schnell … Am Anfang gab es keine klare Antwort. Ich habe dann entdeckt, dass die Phytoplankton-Chloroplasten nur als Relais fungierten und dass es um ganz was anderes ging.

JANICE

Moment, ich erinnere mich nicht mehr richtig: Was waren nochmal Chloroplasten?

AXEL

In denen findet die Photosynthese statt.

JANICE

Echt? Aber wofür dann das Relais?

AXEL

Tja, wenn Du wüsstest …

Er springt, hält sich am oberen Teil der Türzarge fest und fängt an, hin und her zu schwingen. Sie drückt ihre Zigarette aus und hängt sich an ihn. Sie schwingen zu zweit.

AXEL

Man fragt sich immer, ob es nicht Leben oder Intelligenz auf anderen Planeten geben könnte, irgendwo in den Sternen … aber nie stellt man sich Fragen über das unendlich Kleine … vielleicht kommt es ja aus der Richtung, aus einem Universum, das noch kleiner ist als Atome, Elektronen und Quarks …

Plötzlich beißt Janice Axel, der sie loslässt.

JANICE

Na super! Super-toll! Aber dann ist ja jetzt alles im Arsch. Die Dreckschweine haben doch alles demoliert. Da gab es endlich mal was wirklich Interessantes, und schon mussten sie es versauen! Alles nur wegen der Störungen bei ihren Scheiß-Fernsehern und Radios! Ich frage dich: Was regen die sich denn so auf? Die Sache mit den Interferenzen war doch gar nicht so übel. Das war mal was Anderes als ihr üblicher Schwachsinn. Die, denen das nicht gefällt, sollen sich ins Knie ficken!

AXEL *(sich den Oberschenkel reibend)*

Sie fanden, es behindert die Kommunikationswege, die Radare, die Laser-Übertragungen …

JANICE

Die sollen sich ins Knie ficken, habe ich gesagt, die sollen verrecken! Die sollen sich in Anstalten einsperren lassen oder gleich Selbstmord begehen oder zu den Krishnas verschwinden, nur in Ruhe lassen sollen sie uns! Wenn man noch nicht mal mehr mit einem anderen Universum kommunizieren darf! 17

Axel fängt an, beim Kopfstand einzuschlafen, Janice schüttelt ihn. Mit dem Zeigefinger deutet sie auf den Anhänger einer Kette, der ihm im Gesicht hängt.

JANICE

Was ist das? Deine Taufmedaille?

AXEL

Nein. Finger weg.

Janice stürzt sich auf ihn und versucht, ihm die Kette wegzunehmen, die Kette reißt.

AXEL

Was zur Hölle …!

Sie öffnet den Anhänger. Es enthält eine Ampulle, die sie in ihrer offenen Hand hält.

JANICE

Ist das der Phytoplankton-Stamm, von dem du erzählt hast?

Axel nickt. 17

JANICE

Wir könnten also wieder Kontakt aufnehmen mit … mit …

18. GEMEINSCHAFTSKÜCHE - INNEN, TAG 18

Eine kleine Gruppe sitzt um den Tisch. Man erkennt Robert, den Bärtigen, wieder (der Typ in der Hängematte letzte Nacht). Er tut so, als ob ihn das Ganze nicht interessieren würde; er spielt gleichzeitig Gitarre und Mundharmonika. Außerdem sind da noch Steve, der junge, sehr elegante Schwarze, und Janice.

Sie sind mitten im Gespräch, als Manu hinzukommt.

STEVE *(zu Janice)*

Du sagst, es ist noch kleiner als Quarks. Okay, nehmen wir das mal so an. Aber wie soll ein Teilchen, das noch kleiner ist als Quarks, Radiowellen aussenden können? Das scheint mir absurd.

JANICE

Frag ihn doch selbst.

(zu Manu)

Wo ist Axel?

MANU

Ich weiß, wo er ist. Ich hole ihn.

Manu geht wieder. 18

JANICE
Robert, kannst du bitte mit dem Gitarre-Spielen aufhören?

ROBERT
Warum sollte ich nicht das Recht haben zu spielen? Ich werde mich ja wohl noch ausdrücken dürfen, oder?

JANICE
Hör mal, wir reden hier über ernste Dinge!

ROBERT
Ja, schau, und ich bin mit eurem Zeug - falls du meine Meinung hören willst - nicht wirklich einverstanden. Weil diese ganzen Geschichten volle Kanne nach Ärger riechen. Das fängt schon mit seinem Kumpel an, du weißt schon … der Kumpel von deinem Freund …

JANICE
Der ist nicht sein Kumpel, der ist ein amerikanischer Journalist.

ROBERT
Journalisten, Bullen, das ist doch dasselbe. Und was die Quarks betrifft, da müsste man erstmal sehen …

STEVE *(Robert ins Wort fallend)*

Du hast Recht, Alter. Glaub ja nicht, dass die Leute im Knast sich für Quarks interessieren.

Alle lachen, außer Robert, der das nicht witzig findet.

ROBERT

Meinetwegen, macht doch, was ihr wollt! Aber ich habe ja wohl ein Wörtchen mitzureden, wenn es darum geht, was hier passiert, oder? Ich will hier keinen auf Kleiner Chef machen, aber immerhin war ich es, der diesen Ort aufgestöbert hat. Und wer repariert hier immer alles? Darüber könnte man auch mal reden!

Axel kommt herein, er spielt das Pferd, Manu huckepack tragend.

ROBERT *(zu Manu)*

Runter da!

MANU

Ich dachte, verbieten ist verboten!

ROBERT

Halt dich da raus.

MANU

Du bist ja eifersüchtig!

STEVE *(zu Axel)*

Eine Sache verstehe ich nicht. Wie ist es möglich, dass dein Universum-Infra-Quark mit Radiowellen hantiert, wo die doch, quantenmechanisch gesehen, von einer ganz anderen Dimension sind?

AXEL

Zurzeit ist das Universum-Infra-Quark ja nur eine Hypothese. Sicher weiß ich nur eins, dass ein Relais existiert, welches ausgehend vom Stamm aufgebaut wird.

Erik und Fred kommen hinzu. Erik trägt das Äffchen. Fred sieht nicht gut aus: unrasiert wirkt er, als hätte er keine gute Nacht hinter sich.

MANU *(zu Steve, auf Fred zeigend)*

Glaubst du, er ist schwul?

STEVE

Sei still!

FRED *(zu Axel)*

Komm mal bitte mit.

ROBERT

Riecht ihr nichts? … Es riecht ganz merkwürdig hier … Erinnert mich irgendwie an die Bullerei.

MALOU

Ist er ein Schwuler oder ein Bulle?

FRED *(sehr wütend)*

Ich bin ein Bulle. Sieht man das nicht, dass ich ein Bulle bin?

STEVE *(nur an Axel gewandt)*

Wenn ich dich richtig verstanden habe, gibt es womöglich ein sub-atomares Relais?

Axel nimmt ein Blatt Papier und einen Stift, um etwas aufzuzeichnen.

AXEL

Ja, so stelle ich mir das vor. Nur noch komplizierter. Denn schau mal …

FRED *(zu Axel)*

Ich sagte, ich will mit dir reden!

AXEL 18

Lass mich in Ruhe! Siehst du nicht, dass wir arbeiten?!

FRED

Was macht ihr denn?

AXEL

Ich kann dir mitteilen, dass wir uns entschieden haben, die Experimente wieder aufzunehmen, wenn du's genau wissen willst.

Erik beugt sich über die von Axel begonnene Skizze. Er scheint äußerst interessiert.

FRED

Welche Experimente willst du wieder aufnehmen? Willst du schon wieder überall Chaos anrichten? Wozu denn?

AXEL

Was kümmert es dich?

ROBERT

Verstehe! Jetzt wird schon vor so genannten Journalisten aus dem Nähkästchen geplaudert! Verstehe.

AXEL

Keine Sorge, der hält die Klappe.

(zu Fred)

Stimmt's, mein großer Hase, du hältst doch die Klappe? Deinen großen Coup kannst du dir in den Arsch schieben. Liege ich falsch? Nein? Du bist geliefert, das weißt du … Du bist erledigt!

Fred streckt den Mittelfinger hoch, um zu zeigen, dass er genug hat.

FRED

Gibt's hier nix zu trinken?

MANU

Willst du Milchkaffee?

FRED

Nein, ich will was zu trinken, Alkohol!

Mopedgeräusche von draußen.
Fred stürzt zum Fenster, um nachzusehen.

FRED

Wer sind die?

 18

Anton und Michaela.

19. FABRIK - AUSSEN, TAG 19

Zwei Jugendliche sind zu sehen. Auf den Gepäckträgern Ordner und Schulbücher. Sie durchqueren nacheinander die zwei Innenhöfe, indem sie Slalom zwischen den herumliegenden Gegenständen fahren, bis sie die abschüssige Straße erreichen und davonknattern.

20. FABRIK - INNEN, TAG 20

Axel steigt die Eisentreppe hoch, hebt die Klappe an und betritt Steves Zimmer. Er macht sich daran, alles, was herumliegt, beiseite zu räumen, um Platz zu schaffen.

21. LAGERHALLE DER KOOPERATIVE - INNEN, TAG 21

Eine riesige Lagerhalle voller Kisten und Kartons. Einige sind halb geöffnet und man erkennt Computer, Tastaturen, Monitore, Kabel, Konservenbüchsen usw.

Herr Kao Ky, tadellos in einer altmodischen Tunika gekleidet, sitzt in einem zum mobilen Büro umgebauten Elektrofahrzeug, inklusive Computer und Schreibtisch.

Ein weiterer Asiate, der bleiche Herr Wang, von eher schwächlicher Konstitution, fährt in einem Gabelstapler umher und sucht das Material zusammen, das Kao Ky ihn anweist zu holen, in dem er in ein Mikrofon brüllt.

Janice und Steve stehen neben ihm. Janice zeigt auf eine Liste. Neben den beiden sieht man viele verschiedene Kisten, die Steve auf ihren Inhalt überprüft.

JANICE

Optische Kabel, Artikelnummer LM 20.342

KAO KY

Kao Ky das haben.

(ins Mikro)

Hallo, Herr Wang, LM 20.342!

Kao Ky verfolgt die Bewegungen von Herrn Wang an einem Videomonitor.

KAO KY

Nein, da nicht. Noch weiter, noch mehr rechts. Ja, da irgendwo … Gut, du siehst? Kao Ky das haben …

STEVE

Hätten Sie vielleicht auch noch ein Quadrichromie-Epidiaskop? Gern auch ein älteres Modell, gern auch ohne Software.

KAO KY

Wie Sie sagen? Ein Quidrichromie-Pidiaskop? Kao Ky das haben.

(ins Mikro)

Hallo, Herr Wang, Pidiaskop Aeroflot. Du finden in Bereich Vorräte. Bei Konserven.

Plötzlich entdeckt Kao Ky Erik auf seinem Monitor, der auf den Lagerregalen herumklettert.

KAO KY

Da nicht alles durcheinanderbringen. Was machen euer Freund? Was er machen?

Janice beugt sich vor, um besser sehen zu können.

KAO KY

Was er wollen? Was er wollen machen?

JANICE *(ins Mikro)*

Hey Erik? Komm zurück, hör auf damit!

Erik ignoriert den Aufruf vollkommen. 21

JANICE

Lassen Sie ihn, das ist nicht schlimm. Er tut ja nichts Böses!

KAO KY

Aber nicht stabil sein. Überhaupt nicht stabil sein, ihr Freund!

WANG

Nicht gefunden Pidiaskop Aeroflot, Herr Ky.

KAO KY

Kao Ky wissen, dass Pidiaskop haben. Kao Ky wird finden.

(zu Janice, auf Erik zeigend)

Du sagen dein Freund, nichts stehlen, zu teuer, vieeel zu teuer.

Kao Ky setzt sich in Bewegung, Steve springt auf das Trittbrett des Elektrofahrzeugs.

WANG

Wang gefunden Pidiaskop.

Kao Ky hält abrupt an. Steve fällt beinahe zu Boden.

KAO KY 21

Du aufpassen. Dein Freund, wo sein dein Freund?

STEVE

Warten Sie! Wie machen wir das mit den Seriennummern?

KAO KY

Seriennummern kein Problem. Kao Ky das klären.

Er ruft Herrn Wang.

KAO KY

Du bringen Maschine zu Seriennummer neu machen. Ja, du Bescheid wissen. Regionalbüro …

STEVE

He. Das bleibt unter uns. Behalt es für Dich, verstanden?

KAO KY

Ja doch! Kein Problem. Nie Problem mit Kao Ky.

22. LAGERHALLE KOOPERATIVE - AUSSEN, TAG 22

Steve und Janice beginnen damit, die Kisten auf einen Pritschenwagen zu laden. Erik, der ein ausziehbares Maßband wie ein Schwert schwingt, nimmt vollkommen sinnlose Messungen an dem Fahrzeug vor. Kao Ky beobachtet sie von seinem Bürofenster aus. 22

23. STRASSE IN FRANKFURT - AUSSEN, TAG 23

Der Pritschenwagen ist so schwer beladen, dass sein Unterboden fast aufsetzt. Erik ist buchstäblich zwischen den Kisten eingequetscht, muss sich schwer verrenken und sieht glücklich aus.

Auf dem Gehweg eine Gruppe Jugendlicher, unter ihnen Anton und Michaela.

Plötzlich zeigt Michaela Anton einen kleinen, frisch aufgeklebten Handzettel, den sie entdeckt hat: Es handelt sich um Fahndungsplakat, auf dem Axel und Fred abgebildet sind.

MICHAELA *(zu Anton)*

Schau mal!

ANTON

40.000 Mark!

Sie gehen näher an das Plakat heran, ein Mann im Trenchcoat tritt zu ihnen.

MANN MIT TRENCHCOAT 23

Interessiert euch das? Sagt euch das was?

MICHAELA

Leider nein … andernfalls, na ja, können Sie sich wohl denken …

24. FABRIK - INNEN, TAG 24

Fred inspiziert das Gebäude, in dem sich eingerichtete Zimmer auf rätselhafte Weise mit leerstehenden Räumen abwechseln. Er zieht einen schweren Vorhang zur Seite und zum Vorschein kommt ein elegantes völlig bürgerlich eingerichtetes Zimmer: Nachttische, Kerzenhalter an den Wänden, und dazu passende Teppichläufer.

Nebenan befindet sich das Arbeitszimmer von Anton und Michaela, mit zwei Tischen voller Schulbücher.

Er setzt seinen Erkundungsgang fort und gelangt in einen sehr schönen, äußerst karg im japanischen Stil eingerichteten Raum.

FRAUENSTIMME *(off)*

Schuhe aus!

Fred geht zurück bis zur Türschwelle, zieht seine Schuhe aus und betritt das Zimmer erneut. 24

Man sieht eine junge, rothaarige Frau, Anfang 30, Jennifer. Sie kniet vor einem Holzschnitt.

JENNIFER *(sehr konzentriert)*

Der Flugdrachen.
Am selben Ort
Wie am Himmel, gestern.

Sie ignoriert Fred, der das Zimmer durchquert, bis zur …

25. KÜCHE - INNEN, TAG 25

Manu schleudert mit hochgekrempelten Ärmeln einen dicken Klumpen Teig auf die Tischplatte. Vom Knall aufgeschreckt, flüchtet das Äffchen auf den Kühlschrank.

MANU

Wen magst du lieber?

FRED

Wen? Wen?

MANU

Erik oder Axel?

FRED *(genervt)*

Das ist Jacke wie Hose.

MANU

Bist du denn eifersüchtig?

FRED

Eifersüchtig wegen was?

MANU

Weil Axel Jing-Jing mit Janice macht?

Wütend schnappt sich Fred die Teigmasse und droht damit, sie ihr ins Gesicht zu werfen. Motorengeräusch.

MANU

Da sind sie.

Sie wischt sich die Hände an ihrem Pullover ab und rennt aus der Küche. Die Kamera folgt ihr.

26. FABRIK – AUSSEN/INNEN, TAG 26

Sie öffnet die Heckklappe des Pritschenwagens. Erik ist immer noch zwischen den Kisten ›verräumt‹. Steve drückt auf die Hupe. Axel erscheint. Robert schaut aus dem Fenster.

ROBERT

Ruhe! Ich komponiere!

Jennifer schaut aus einem anderen Fenster.

JENNIFER

Sei still, Robert. Du schreist zu laut.

AXEL *(zu Janice)*

Habt Ihr alles gefunden?

JANICE

Fast alles, das Wichtigste haben wir.

Axel fasst sie am Nacken und will sie küssen, sie stößt ihn weg und nimmt sich eine Kiste.

STEVE *(zu Axel)*

So ist sie nun mal, daran wirst du dich gewöhnen müssen.

Hilfst du mir ausladen? 26

Axel fügt sich. Sie bringen das ganze Material in Steves Zimmer (das über eine Klappe erreicht wird). Fred taucht am Fuß der Eisentreppe auf.

FRED *(zu Axel)*

Warte kurz, ich helfe dir.

AXEL

Was ist denn mit dir los? Hast du deine Meinung geändert?

FRED

Was habe ich an diesem Punkt schon zu verlieren?

AXEL

Recht hast du, pack mal hier an.

Fred reicht sein Äffchen Erik, der das Tier wie ein Baby wiegt. Im ›Labor‹ angekommen, setzt Axel die Kiste ab und gibt Anweisungen, wie die Apparate angeschlossen werden müssen. Fieberhafte Atmosphäre. Mit Kreide zeichnet er einen Installationsplan an die Wand.

AXEL

Mit diesem Aufbau werden die Sequenzen kodiert.

FRED

Was ist eine Sequenz?

AXEL

Das ist eine Art Phase, die aber nicht zwangsläufig etwas bedeutet … Und dann übertragen wir die kodierten Sequenzen mit diesem Radiowellensender.

FRED

Ist das derselbe Versuchsaufbau wie in Belgien?

JANICE *(aggressiv)*

Das interessiert dich also?!

STEVE

Was ist los? Hast du die Absicht, deine Reportage weiterzumachen?

FRED *(schulterzuckend)*

Nein … aber vielleicht schreibe ich eines Tages ein Buch darüber.

MANU *(zu Axel)*

Ja, aber bei dir zu Hause hast du dich erwischen lassen, da haben sie alles in die Luft gejagt, und wenn Fred nicht gewesen wäre, wärst du jetzt nicht hier.

JANICE *(sich bei Axel vergewissernd)* 26
Im Prinzip können wir nicht entdeckt werden, oder? Denn selbst wenn es wieder zu Störungen der Radiowellen kommt, können sie uns wegen dieses Dings hier
(sie zeigt auf einen halb ausgepackten Mini-Radar)
nicht lokalisieren.

Robert tritt durch die Klappe ein, er trägt einen großen Ballen Wäsche unterm Arm. Er fängt an herumzuschnüffeln.

ROBERT

Wie geht's eurem UIQ?

MANU

Man sagt: ›Ju Ei Kju‹!

ROBERT

Was?

Fred schreibt es mit Kreide an die Wand.

FRED

›Universum‹, ›Infra‹, ›Quark‹: Ju, Ei, Kju.

ROBERT

Was treibst du dich denn hier rum?

FRED

Wieso? Stör' ich dich?

ROBERT

Ja! Ich bin hier nämlich zu Hause!

Erik stellt sich mit dem Äffchen zwischen die beiden, wie das Äffchen zeigt auch Erik Robert die Zähne.

ROBERT *(fassungslos)*

Ganz ruhig, Erik, ganz ruhig!

Da tauchen Anton und Michaela auf, mit ihren Ordnern unterm Arm.

MICHAELA

Was ist denn hier los?

Anton stößt Michaela mit dem Ellenbogen in die Rippen, er hat Axel und Fred erkannt. Michaela erkennt sie auch. Ganz aufgeregt setzen sie Verschwörermienen auf und geben Robert Zeichen, die der nicht bemerkt.

MANU *(zu Robert)* 26

Beeil dich, wenn du noch waschen musst.

ROBERT *(das Zimmer verlassend)*

Kleine Nervensäge! Eure Geschichten werden noch übel ausgehen!

Michaela und Anton folgen ihm auf dem Fuß.

27. TERRASSE DER FABRIK - AUSSEN, TAG 27

Anton faltet das Fahndungsplakat auseinander, das er von der Wand gerissen hat.

ANTON

Hast du das gesehen?

(auf die beiden Fotos von Axel und Ralf zeigend)

Und das?

(auf die Belohnungssumme zeigend)

40.000 Mark, das ist doch mal was!

ROBERT

Na und? Was führst du im Schilde? Kleiner Dreckskerl!

Robert verpasst Anton eine saftige Ohrfeige.

ROBERT 27

Hast du verstanden?

ANTON *(jammerig)*

Werd' nicht sauer, Robert, ich hab' doch nur Spaß gemacht.

28. LABOR - INNEN, ABEND 28

Alle Verbindungen sind gesteckt, überall am Boden verlaufen Kabel.

AXEL *(zu Janice)*

Du kannst jetzt loslegen.

Fred, Manu, Steve und Jennifer drehen sich zu ihr um. Janice holt die Ampulle hervor, die sie aus Axels Anhänger geholt hatte, zerbricht sie und träufelt die Lösung auf ein Glasplättchen. Alle halten den Atem an. Sie legt ein zweites Glasplättchen auf das erste und schiebt beide zusammen unter das elektronische Mikroskop. Dieses ist mit einem Monitor verbunden. Axel schaltet das Gerät an und richtet das Bild ein: Man erkennt die Zellorganismen sehr deutlich. Es entstehen fluoreszierende Phänomene, aber ohne Regelmäßigkeiten.

JANICE

Was ist los? Findest du das normal, dass es so blinkt, so irgendwie durcheinander?

AXEL

Ja, ich glaube, ja.

Er stellt das Bild des elektronischen Oszilloskops ein, man sieht, wie es zunächst eine horizontale Linie zeichnet, die die fluoreszierenden Variationen wiedergibt. Steve sitzt vor dem Sequenzsender: eine Tastatur, mit Hilfe derer Radiowellen in Richtung Stamm gesendet werden.

STEVE

Kommt, legen wir los. Ich fange an.

AXEL

Okay! Go!

Steve tippt einen ›Satz‹, in der Art, wie man eine Morse-Nachricht absetzt. Das elektronische Oszilloskop verzeichnet keinerlei Änderung.

MANU

Was macht denn dein Herr UIQ, schläft er? Warum will er nicht antworten?

JANICE

Er treibt sich vielleicht gerade in einer anderen Galaxie rum.

MANU

Ach nö, der muss zurückkommen, das passt mir gar nicht! Versuch's noch mal, Steve.

Steve startet einen zweiten Versuch, ohne Ergebnis. Nacheinander versucht er viele verschiedene Sequenzen, doch es geschieht nichts. Alle sind enttäuscht.

JENNIFER

Es scheint nicht zu antworten …

STEVE

Ich bin fertig! Brauch erstmal 'ne Mütze Schlaf.

MANU

Lass mich ran, lass mich ran! Ich mach's!

Sie stürzt auf Steves Platz zu, bleibt mit dem Fuß in einem Kabel hängen - der Sequenzsender fällt vom Tisch.

STEVE *(wütend)*

Manu, verzisch Dich!

MANU

Mir reicht's. Ist doch nicht meine Schuld, wenn euer Kram

nicht funktioniert. 28

JANICE

Ab ins Bett, sofort.

Sie öffnet die Klappe und schiebt Manu nach draußen.

Axel hebt den heruntergefallenen Apparat auf, öffnet dessen Gehäuse und macht sich ein Bild des Schadens.

AXEL

Halb so wild.

(zu Steve)

Hast du was, womit man Mikro-Lötungen machen kann?

Steve wühlt in einer Kiste und reicht Axel ein Gerät.

STEVE

Geht das hier?

AXEL

Müsste funktionieren.

JANICE

Machst du das jetzt gleich?

AXEL 28

Warum nicht?

JANICE

Ich muss los, ich bin schon zu spät.

STEVE

Ich begleite dich, ich muss eh den War Game 2000 zurückbringen.

Er zeigt auf ein in der Ecke stehendes Videospiel.

AXEL *(zu Janice)*

Du lässt mich im Stich?

JANICE *(lachend)*

Ja, ich hab' genug von dir.

Steve entfernt sich ein paar Schritte. Janice holt ihn ein. Sie verlassen den Raum, Axels Blick folgt ihnen.

29. AUTO STEVE - AUSSEN/INNEN, NACHT 29

Das Auto fährt durch die Straßen. Steve und Janice unterhalten sich, sie wirken besorgt.

JANICE 29

Was meinst du? Schaffen wir's?

STEVE

Keine Ahnung. Und was glaubst du?

JANICE

Es gibt eigentlich keinen Grund …

STEVE

Aber es wird gerade ganz schön kompliziert.

JANICE

Was meinst du damit?

STEVE

Naja, die Fahndung nach Axel und Fred.

JANICE

Och! Davon gibt's so viele.

Das Auto hält vor dem Videoladen. Steve wirft sein Spiel in die Rückgabebox.

30. WASCHKÜCHE - INNEN, NACHT 30

Fred, sein Äffchen und Erik schlafen. Plötzlich springt Erik ganz steif auf und schaltet die Waschmaschine an. Fred schreckt hoch.

FRED
Mach die Maschine bitte wieder aus.

ERIK
Welche Maschine?

FRED
Die Wasch-ma-schi-ne! Siehst du das Ding da, dort drüben?

ERIK
Unmöglich.

FRED
Wieso unmöglich? Einfach ausschalten.

ERIK
Es ist unmöglich, weil, wenn ich die Maschine ausmache, die ganze Welt stehenbleibt. Zweitens, wenn sie dann wieder läuft, wird sie sich andersherum drehen. Stell dir die Schäden vor! Drittens, weil es dich nichts angeht. Viertens, weil Franz und Do-

minik das nicht wollen. Fünftens, weil es etwas mit mir macht … 30

FRED

Darf man erfahren, was es mit dir macht?

Erik zeigt ihm den Mittelfinger. Fred zuckt mit den Achseln.

ERIK *(lieb)*

Du musst dich einfach daran gewöhnen, das ist alles.

FRED

Schon gut, schon gut.

Fred wickelt sich in eine Decke ein und geht hinaus auf die Terrasse.

31. TERRASSE - AUSSEN, NACHT 31

Der Mond bescheint die Fabrik und ihre Umgebung, geheimnisvolle Atmosphäre. Fred zündet sich eine Zigarette an. Sein Schatten tanzt auf der Wäsche, die zum Trocknen aufgehängt ist. Aus dem Labor dringen Geräusche. Fred öffnet die Tür einen Spalt breit, um zu gucken, was sich tut.

32. LABOR - INNEN, NACHT 32

Axel sitzt allein im Raum und sendet Sequenzen mit dem reparierten

Apparat. Mit ein paar Sekunden Verzögerung zeichnet das elektronische Oszilloskop die Sequenz einigermaßen akkurat nach. 32

FRED

Hast du's geschafft?

AXEL

Ja, er antwortet, er antwortet. Ich rufe Janice an, übernimm meinen Platz.

FRED *(verschüchtert)*

Nein, ich weiß nicht recht.

AXEL

Sei nicht blöd, los, komm schon.

Während Fred sich hinsetzt, schnappt sich Axel ein Telefonbuch; doch bevor er gefunden hat, was er sucht, klingelt das Telefon, er nimmt ab.

AXEL

Hallo? … Was?! … Wer spricht da?

33. ZIMMER VON ROBERT, MANU - INNEN, NACHT 33

… die kleine Manu hält den Hörer.

MANU 33

Ich sag's dir … da ist was im Fernseher.

Robert schlägt auf das Fernsehgerät mit Bildstörung ein.

MANU *(zu Robert)*

Hör auf, du machst ihn kaputt!

(zu Axel am Telefon)

Komm sofort, sonst macht er den Fernseher kaputt.

Das Gerät empfängt wieder Ton, es handelt sich um den Kommentar zu einer Sportübertragung in einer osteuropäischen Sprache. Dann läuft auch der Kriegsfilm weiter, den sie vorher geschaut hatten, aber mit einer Tonspur, dich nichts mit dem Film zu tun hat. Plötzlich, in einer Art medialer Naturkatastrophe, wechseln sich Bilder von TV-Kanälen aus der ganzen Welt ab, überlagern sich, die Tonspuren vermischen sich, was zu grotesken kakophonischen Effekten führt.

ROBERT

Wenn ich mich nicht irre, dann hat die nächste Runde begonnen.

34. LABOR - INNEN, NACHT 34

Fred, Robert, Manu, Jennifer, Michaela und Anton stehen um Axel herum, der mit dem Sequenzsender hantiert. Alle bemerken, mit unterschiedlich ausgeprägtem Interesse, dass etwas im Gange ist. Janice kommt mit Steve herein.

JANICE

Und, stimmt es, dass er antwortet?

AXEL

Guck!

Er sendet eine Sequenz Richtung Bakterienstamm. Mit einer gewissen Zeitverzögerung sehen wir auf dem mit dem Elektronenmikroskop verbundenen Monitor fluoreszierende Effekte, die sich zu einer Art Muster anordnen. Das Oszilloskop zeichnet eine Abfolge von Spitzen und flachen Linienverläufen auf, entsprechend der von Axel gesendeten kurzen und langen Töne.

JANICE

Darf ich mal probieren?

AXEL

Leg los, wenn du willst.

Janice tippt eine etwas komplexere Sequenz. UIQ versucht, sie nachzubilden, macht einen Fehler, versucht es nochmal, schafft es nicht.

MANU *(Richtung Stichprobe sprechend)* 34

Nein, du machst das verkehrt, pass gut auf, so ist es falsch!

Janice sendet noch einmal dieselbe Sequenz.

Nach kurzem Zaudern gelingt es UIQ, die Nachricht korrekt wiedergeben.

Alle sind fasziniert, außer Robert, der sich der allgemeinen Stimmung widersetzt.

ROBERT

Trotzdem bewirkt euer Dingsda, dass im Fernsehen wieder alles drunter und drüber geht!
Keine Chance, in Ruhe einen Film zu gucken …

AXEL

Ich glaube, wenn er es nicht gleich beim ersten Mal nachzumachen schafft, dann regt er sich auf. Aber das ist nicht schlimm, das ist bestimmt nur vorübergehend …

JENNIFER

Kann sein, aber es macht den Leuten trotzdem Angst!

AXEL

Unwichtig! Ich sage euch, das ist nur eine Phase, das kriegen wir bald in den Griff. Wir dürfen uns nur nicht entdecken lassen!

ANTON *(jeden in der Runde streng musternd)*

Unwichtig? Unwichtig? Lasst uns drüber reden … Macht es euch etwa Spaß, die öffentlichen Einrichtungen zu stören, die Satellitenkommunikation, die Notdienste und so weiter?

MICHAELA *(hochnäsig)*

Lass sie doch, wenn es sie amüsiert.

JANICE

Haltet mal die Klappe, ihr zwei, ich hör' nix mehr.

Janice sendet eine schlichte Sequenz, UIQ macht sie nach. Zunächst ganz langsam, dann immer schneller.

MANU *(zu UIQ)*

Bravo! Gut gemacht, sehr gut!

(Janice wegschubsend)

Jetzt bin ich dran!

Sie tippt rasend schnell eine komplizierte Sequenz. UIQ versucht es, setzt noch einmal an, schafft es nicht. 34

AXEL

Das ist zu schwer.

MANU

Na gut, machen wir es anders.

Sie tippt eine andere Sequenz und summt dazu.

UIQ gelingt es, das nachzumachen.

Manu spielt eine sehr lange Sequenz.

UIQ verzettelt sich.

35. TAXI - INNEN, NACHT 35

Ein Taxifahrer steht mit seinem Wagen an einem Taxistand. Ein charakteristisches Piepsen signalisiert einen Anruf, er greift zum Hörer.

Im Off eine brutal laute Stimmenkakophonie.

Der Fahrer schreckt zusammen.

TAXIFAHRER 35

Hier ist das Taxi.

Der Lärm wird unerträglich.

Lichter gehen an, Fenster werden geöffnet.

Der Taxifahrer rast panisch davon.

36. LABOR - INNEN, NACHT 36

Auf dem Monitor des Oszilloskops werden die Verläufe der Spitze und Täler sehr unübersichtlich, sie zersplittern in Punkte, Striche und unzusammenhängende Graphen.

Michaela und Anton sind nicht mehr da.

JANICE

Manu, du lässt ihn irgendwelchen Quatsch machen.

ROBERT

Wann hört ihr endlich mit eurem Schwachsinn auf?!

Die anderen drehen sich bestürzt zu ihm um.

ROBERT *(leiser)*

Ich würd' halt gern meine Sendung sehen!

Axel schaut gelassen auf den Monitor.

AXEL

Lass sie weitermachen, schau!

Erik beginnt, seltsam ruckartig zu tanzen.

JENNIFER

Es ist unverständlich … Ich frage mich schon langsam, ob es nicht einen Bezug gibt zwischen UIQ und dem, was die Hindus bhaktevadanta swami prabhypaba nennen.

STEVE *(ironisch)*

Ach ja, der berühmte Nektar der Hingabe! Du hast bestimmt Recht, ich sehe keine andere Erklärung.

Plötzlich bildet sich ein zweites, größeres Bildfenster. Darauf ist ein geodätisches Liniengitter zu sehen und ein sich bewegender Punkt.

JANICE

Manu, ich verbiete dir, irgendeinen Quatsch einzugeben. Dieser besondere Sender ist nichts für Kinder!

MANU 36

Er kann zwar nichts nachmachen, aber was er macht, ist trotzdem ganz hübsch!

Erik tanzt immer wilder, fest stößt er seinen Kopf mehrmals gegen die Brust von Robert.

ROBERT

Ihr seid ja alle behämmert, so war er noch nie. Ich sage euch, man sollte die ganze Scheiße in die Luft jagen. Das ist bestimmt wieder so ein Russen- oder Ami-Ding, das nur dazu gut ist, … Genau, ich frage mich, wozu das gut sein soll. Vielleicht geht's um biologische Kriegsführung, ihr kriegt das bloß nicht mit!

Wieder erscheint das Bild mit dem geodätischen Gitter, wir sehen sich nähernde Hände …

37. FLUGHAFEN-TOWER - INNEN, TAG 37

… Man sieht die Hände eines Fluglotsen.

Die Atmosphäre im Raum ist angespannt.

Der Lotse zeigt mit dem Finger auf den sich bewegenden Punkt.

FLUGLOTSE 1 37

Er befolgt die Anweisungen nicht, der macht irgendeinen Unsinn … mit 300 Passagieren an Bord!

FLUGLOTSE 2

Stellen Sie sofort den Kontakt wieder her. Notfallprogramm Nummer Eins!

38. BOEING - INNEN, TAG 38

Das angstverzerrte Gesicht eines Passagiers, der sich mit einer Hand in der Herzgegend massiert.

39. TOWER - INNEN, TAG 39

Der Fluglotse schließt ein Mikrofon an.

FLUGLOTSE 1

Hier spricht der Tower. Hier spricht der Tower. Dies ist ein Befehl: Korrigieren sie augenblicklich Ihre Flugbahn, verstanden? Korrigieren sie um Gottes Willen Ihre Flugbahn! Sofortige Korrektur. Notfallprogramm, sie brauchen mehr Höhe …

40. BOEING - INNEN, TAG 40

Der verängstigte Passagier von eben löst seinen Sicherheitsgurt und krabbelt auf allen vieren durch den Mittelgang. Das Schlingern des Flugzeugs wirft ihn hin und her. Es wird deutlich, dass er einen Gegenstand zurückzuholen versucht, den er wegen der Schwankungen nicht zu greifen bekommt: Sein Stift ist ihm heruntergefallen. Der Stift verschwindet zwischen den Füßen einer Passagierin, der Mann kriecht zu ihr und springt ihr an den Hals.

PASSAGIER

Gib mir meinen Stift wieder, du Diebin! Du Schlampe!

Die Passagierin schlägt dem Mann auf den Kopf, er bricht bewusstlos zusammen.

Jetzt sieht man die Beine der Stewardess, denen man bis ins Cockpit folgt.

Kaum ist sie dort angekommen, drehen Pilot und Co-Pilot sich zu ihr um und gucken sie betroffen an. Verlegen schaut sie auf ihre Kleidung.

STIMME *(off)*

Hier spricht der Tower …

Kakophonie zahlreicher Stimmen, sich langsam in das Meckern einer Ziegenherde verwandelnd. 40

41. STRAND - AUSSEN, TAG

41

Am Strand eines Ferienclubs, viele Menschen, die meisten von ihnen haben Transistorradios.

Ein kleiner Junge wirft einen Papierflieger in die Luft. Mit dem Mund ahmt er das Motorengeräusch nach.

Da taucht ein Ultraleichtflugzeug auf. Der Pilot winkt dem Jungen freundlich zu.

Der Junge wirft seinen Flieger in Richtung des ULs … Plötzlich ohrenbetäubender Lärm, die auf dem Rücken fliegende Boeing rast im Tiefflug unter dem Leichtflugzeug hindurch, das in einer Wahnsinnsgeschwindigkeit in die Höhe gezogen wird …

Der Sog reißt alles mit sich: Auf dem Strand gibt es keine Sonnenschirme mehr, keine Umkleidekabinen, keine Bäume - es herrscht ein totales Durcheinander. Man sieht Menschen im Sand vergraben, nur die Köpfe schauen heraus.

KLEINER JUNGE 41

Mama, wo ist mein Flieger?

MUTTER

Hör mal, jetzt suchen wir erstmal den Papa, danach kümmern wir uns um deinen Flieger.

Die Boeing macht einen Looping und kommt noch einmal vorbeigeflogen. Riesige Sandwellen. Die überall verstreut herumliegenden Transistorradios spielen eine seltsame Musik aus Ziegenmeckern und Walgesängen.

42. BOEING - INNEN/AUSSEN, TAG 42

Kopf einer zu Tode erschreckten Passagierin, der die Haare in alle Richtungen abstehen und die mit der Nase am Kabinenfenster klebt. Außen sehen wir eine Art Riesenblüte : Einen Mann reißt es senkrecht in die Höhe, Beine oben, Kopf unten …

Man erkennt den Piloten des ULs mit seinem Fallschirm.

Die Passagierin in der Boeing ist an ihrem Sitz festgegurtet, das Flugzeug fliegt auf dem Kopf, alles ist auf die Decke heruntergefallen (Handgepäckstücke, Tabletts, Flaschen, Rollwagen usw.)

43. STRAND - AUSSEN, TAG 43

Die Tragflügel des ULs krachen auf den Sand. Der Fallschirmspringer landet.

FALLSCHIRMSPRINGER *(zu den Leuten auf dem Strand)*
Achtung! Aus dem Weg!

Tierische Musik aus den Transistorradios.

MANN
Schweinerei, ich frage mich, wie weit es diesmal geht.

Der Mann gibt seinem Radio einen Tritt.

KLEINER JUNGE
Wo ist mein Flieger? Haben Sie zufällig meinen Flieger gefunden?

44. STADT - AUSSEN/INNEN, TAG 44

Eine Limousine fährt über eine breite Prachtstraße.

Auf der Rückbank sitzt der Präsident der Internationalen Kommission für die Untersuchung der Störvorfälle bei den Radiowellen, gemeinsam mit dem Kommissionsbeauftragten; sie befinden sich mitten im Gespräch.

BEAUFTRAGTER *(mit einem Korb in der Hand)*

Herr Vorsitzender, glauben Sie, dass es so gehen kann?

PRÄSIDENT

Ja … Ja … Wichtig ist zu entdramatisieren.

BEAUFTRAGTER

Entdramatisieren, sehr gut, Herr Vorsitzender. Sicherlich ist es unnötig, weiter auf die Zwischenfälle in Saarbrücken, Agadir und Kingston einzugehen …

PRÄSIDENT *(nickend)*

Sicher, sicher …

Der Wagen hält vor einem gläsernen Gebäude. Die beiden Männer steigen aus und gehen auf den von Soldaten bewachten Eingang zu.

PRÄSIDENT

Agadir?

BEAUFTRAGTER

Ja, Herr Vorsitzender, der Flugvorfall …

PRÄSIDENT

Da gab es doch kein einziges Opfer!

BEAUFTRAGTER 44

Nein, nein, nicht wirklich.

PRÄSIDENT

Dann vergessen wir das, zumal es seit einigen Tagen nichts Besonderes mehr zu vermelden gibt, jedenfalls nichts Außergewöhnliches.

BEAUFTRAGTER

Doch, ein Kommissionsmitglied erhebt Einspruch wegen der A.F.H.

PRÄSIDENT

Verweisen Sie ihn an die Technische Unterkommission …

45. FABRIK - AUSSEN, TAG 45

Der Obdachlose, dem Fred in der Nacht seiner Ankunft begegnet war, steht vor dem Gebäude im zweiten Hinterhof.

Er runzelt perplex die Stirn. Aus dem obersten Stockwerk, in dem sich das Labor befindet, verlaufen jede Menge Kabel nach draußen und verschwinden wieder in anderen Zimmern.

Man könnte meinen, die Fassade kämpfe mit einem Kraken …

Manu erscheint im Küchenfenster, der Obdachlose versteckt sich schnell. 45

46. KÜCHE - INNEN, TAG 46

Manu, immer noch am Fenster, spricht mit jemandem außerhalb des Bildes.

MANU

Ich habe jemanden gesehen.

STIMME *(off, unbekannt, seltsam)*

Wen denn?

Der ganze Raum ist ausgefüllt mit einer komplexen Apparatur. Die Stimme kommt von einem Monitor, auf dem Gesichtszüge zu erahnen sind.

MANU

Jemand, den wir nicht kennen, den ich aber trotzdem kenne. Denn ich sehe ihn manchmal, wenn ich in meiner eigenen Kaverne bin, verstehst du?

UIQ

Deine Kaserne?

MANU

Nein! Ka-verne! Aber lass, das ist zu kompliziert, ich erkläre es dir ein anderes Mal, wir sollten lieber weiterarbeiten. 46

Das Gesicht auf dem Monitor löst sich auf. Eine schematisch dreidimensional gezeichnete Hand erscheint. Sie hat sechs Finger, die alle einen mit Computerchips bestückten Ring tragen.

MANU

Ich möchte nicht, dass es so ist!

UIQ

Warum? Es ist sehr gut!

MANU

Ich sage dir, so ist es nicht! Es gibt schon mal zu viele Finger!

Das Bild wird sofort korrigiert.

UIQ

Oh! Verzeihung! Dabei hattest du es mir gesagt! Ich hatte vergessen, dass ihr zurzeit nur noch fünf Finger habt.

MANU

Wieso? War das früher nicht auch so?

UIQ 46

Eben nicht! Und es wird auch nicht immer so bleiben!

MANU

Ach ja! Natürlich, als wir noch Tausendfüßler waren! Sag, wie müssen wir das jetzt machen?

Auf dem Monitor scrollt eine Materialliste herunter.

UIQ

Wir müssen das alles zusammenbauen und dabei die Reihenfolge beachten. Du wirst sehen, es ist ganz leicht.

MANU

Ojemine! Das schaffe ich nie! Warte, ich hole Fred. Bleib da, ja?

Sie läuft davon, in Richtung …

47. FLUR - INNEN, TAG 47

Die Kabel haben die Flure und sämtliche Innenräume überwuchert.

Manu stolpert darüber. Sie tritt ein in das …

48. ZIMMER VON JANICE - INNEN, TAG 48

Dort befindet sich eine weitere ›Arbeitsstation‹, um die herum Steve, Axel und Fred zusammen sitzen. Sie schauen auf einen Monitor, auf dem mathematische Formeln und sehr komplexe Graphen vorüberziehen.

MANU

Fred, du musst sofort kommen.

FRED

Was hast du denn schon wieder?

MANU

Hilf mir. Ich verstehe gar nix mehr …

Fred seufzt.

MANU

Komm, es geht um meine Arbeit mit UIQ.

FRED

Was soll das für eine Arbeit sein?

MANU

Ich will eine Maschine bauen, die Kugeln schießt. Aber die

sind gar nicht echt! Weil nur ich die sehen kann, aber die anderen kriegen sie trotzdem ab. Los, komm schon, das ist ganz toll. Es war meine Idee. Ich sage dir doch, es ist total super! Sogar UIQ findet das, und er hat alles so geplant, damit es funktioniert. Nur hat er leider keine Hände, keine Füße, keine Nase, kein gar nichts, deshalb musst du kommen und uns helfen mit dem Löten und all diesen Sachen.

Fred und Manu verlassen den Raum.

Axel und Steve scheinen sich nur für die auf dem Monitor erscheinenden Gleichungen zu interessieren.

STEVE *(zum Monitor)*

Was Sie behaupten, scheint mir absolut inkompatibel mit unseren aktuellen kosmologischen Theorien …

AXEL

… und die beruhen immerhin auf schwer zu bestreitenden Ergebnissen wissenschaftlicher Experimente!

Auf dem Monitor erscheint das unscharfe Gesicht von UIQ, welches hauptsächlich aus den drei schwarzen Löchern für Augen und Mund besteht.

UIQ

Eure Versuchsprotokolle stelle ich derzeit noch gar nicht in Frage, obwohl … Das grundsätzliche Problem besteht darin, dass ihr immer noch geblendet seid von eurer Urknall-Theorie. Da kommt ihr nicht raus, doch das ist der falsche Weg, denn ihr geht von einer völlig falschen Grundannahme aus.

STEVE

Von welcher denn?

UIQ

Nun ja, das, was ihr die Ausdehnung des Universums nennt.

AXEL

Und der Doppler-Fizeau-Effekt?

UIQ

Dabei handelt es sich lediglich um eine Illusion, hervorgebracht durch euren anthropologischen Standpunkt, einen Standpunkt also, der abhängig bleibt von Koordinaten, wie sie Wesen eigen sind, die begrenzt, diskret und in Zeit und Raum endlich sind und die sich in unumkehrbaren linearen Verknüpfungen entfalten. Unser kosmologischer Ansatz ist ein gänzlich anderer: Es gibt nicht den geringsten Grund für die Annahme, dass ein Vorher und ein Nachher existiert für das, was ihr den Urknall nennt. Wenn es einen Urknall gibt, dann findet er überall und ständig statt, klar? Doch wenn ihr erlaubt, lasst uns das Ganze noch einmal streng vom Standpunkt der mathematischen Physik aus betrachten. 48

Das Gesicht verschwindet vom Monitor, die mathematischen Formeln kehren zurück. Auf einmal ertönt ein Gebrüll, die Schreie eines Neugeborenen. Axel und Steve seufzen auf.

49. ZIMMER VON MICHAELA UND ANTON - INNEN, TAG 49

Das Geschrei lässt die beiden Gymnasiasten hochfahren, die gerade dabei waren, ein Mittagessen zu zweit zu sich zu nehmen. Sie wirken sehr aufgeregt.

50. ZIMMER VON JANICE - INNEN, TAG 50

STEVE

Es macht's schon wieder!

AXEL

Ich geh' mal nachschauen, was los ist.

STEVE *(zum Monitor)*

Wie kann ein Universum wie du einerseits so spitze zu uns sein und andererseits so scheiße zu ihr?

UIQ 50

Steve, ich mag dich wirklich sehr, aber was bist du für ein Idiot! Scheiße sein oder nicht scheiße sein, das ist hier die Frage.

Die Kamera folgt Axel bis ins …

51. LABOR - INNEN, TAG 51

Im Labor hat sich Vieles geändert, überall sind Kabel verlegt, es herrscht große Unordnung.

Janice, den Schädel übersät mit Elektroden, die mit einem neuen Apparat verbunden sind, sitzt mit einem Lötkolben an einem integrierten Schaltkreis.

Abgemagert und erschöpft spricht sie zum Monitor des Oszilloskops, auf dem das Gesicht von UIQ zu sehen ist.

JANICE

Beruhige dich, wir kriegen das schon hin.

UIQ *(wehleidig)*

A, I, V - A, I, V - I, A, AV - I, A, V …

JANICE

Ruhe! Nicht so laut. Hab' keine Angst, ich bin ja da.

UIQ setzt sein Gejammer fort.

Der ausgestoßene Laut verwandelt sich in ein Tiergebrüll, ein wenig wie Walgesänge, nur sehr viel lauter. Das Gesicht verändert seine Form, es wabert.

JANICE

Nein, fang nicht wieder damit an! Sonst höre ich mit allem auf, dann schalte ich dich sofort ab!

Darauf schreit UIQ wieder wie ein Säugling, Janice kriegt einen spastischen Anfall, Axel kommt zu ihr gestürzt, sie ist furchterregend bleich. Er zieht eine Elektrode ab, sie springt auf.

JANICE

Rühr das nicht an!

Axel weicht zurück.

AXEL

Was ist denn los mit dir?

JANICE

Du bist nie da, wenn du gebraucht wirst, ich hab' die ganze Arbeit an der Backe, ich schaff' das nicht mehr, wenn du's genau wissen willst! Ich kann nicht mehr, der macht mich wahnsinnig. Und es ist deine Schuld, dass er sich so aufführt!

AXEL

Meine Schuld?

JANICE

Der bräuchte eine echte männliche Imago.

AXEL

Was? Eine Imago?!

JANICE

Vergiss es, dafür bist du zu blöde! Den lieben, langen Tag Gleichungen mit ihm spielen, das ist leicht. Stell dir vor, währenddessen kümmere ich mich um seine sprachliche und gefühlsmäßige Ausbildung.

AXEL

Ruh dich aus, ich übernehme deinen Platz, wenn du willst.

JANICE 51

Ganz bestimmt nicht! Du lässt ihn nur wieder irgendwelchen Quatsch machen, dann weißt du wieder nicht, wie du damit umgehen sollst und danach ist er nur noch mehr aufgeregt!

AXEL

Gut, meinetwegen. Ich sag' nichts mehr. Ich halte den Mund.

Axel macht Schweinebaumeln an einer Stange.

UIQ hört mit dem Säuglingsgeschrei auf. Es spricht in einem gleichgültigen Tonfall.

UIQ

Ich sag' nichts mehr, ich sag' nichts mehr.

52. SITZ DER INTERNATIONALEN KOMMISSION - INNEN, TAG 52

Das Gesicht eines unbekannten Mannes, sehr besorgt, in extremer Nahaufnahme. Gebannt blickt er auf einen Fernsehbildschirm, auf dem in einer Doppelbelichtung zwei Bilder gleichzeitig laufen:

- eine Choreografie im Stil des Crazy Horse Saloon,

- das unscharfe, rätselhafte Gesicht von UIQ.

Es gibt Untertitel zu lesen: ›Wir bitten, die außerhalb unserer Kontrolle liegenden Bildstörungen zu entschuldigen.‹ 52

Er schaltet auf einen anderen Sender um, UIQs Gesicht bleibt im Bild.

Er schließt einen Videorekorder an und nimmt auf.

MÄNNERSTIMME *(off)*

Spiel es ab, spiel das Band jetzt nochmal ab.

In einer Innenraum-Totale sehen wir jetzt einen großen Raum mit großer Fensterfront und verschiedenen Arbeitsplätzen, an denen gut dreißig Techniker und zivile wie militärische Wissenschaftler zugange sind.

Stimmen und Telefongespräche mischen sich. Hektische Atmosphäre.

In einer Ecke diskutieren Statistiker vor einer elektronischen Weltkarte: drei Länder sind in einer anderen Farbe markiert.

PRÄSIDENT

Irland könnte vielleicht ein Hinweis sein, oder?

STATISTIKER 1

Ja, aber Uganda?

STATISTIKER 2

Und Québec? Wo ist da der Zusammenhang?

PRÄSIDENT

Wir sollten in der Lage sein, eine Lösung zu finden, wir müssen sie suchen. Warum sind diese drei Länder als einzige nicht von den Störungen betroffen? Dafür muss es einen logischen Grund geben …

STATISTIKER 1 *(zu sich selbst)*

Von wegen!

Daneben steht ein Militär und versucht zu verstehen, was man ihm am Telefon sagt.

MILITÄR

Seien Sie still, die NATO ist dran! … Sie fragen, ob die Russen das auch haben.

EIN MANN

Was auch haben?

MILITÄR *(auf einen Bildschirm mit UIQs unscharfem Gesicht zeigend)*

Naja, solche Sachen.

STATISTIKER 1

Das müssten die doch besser wissen als wir! Arschlöcher!

MILITÄR

Sie sagen, die Russen behaupten, sie hätten das auch, aber sie trauen denen nicht, sie bitten uns, das zu überprüfen.

STATISTIKER 1

Die sollen uns mal am Arsch lecken!

Hinter der Glasscheibe des großen Raums gibt der Beauftragte der Internationalen Kommission ruhig und kultiviert eine Pressekonferenz.

JOURNALIST 1

Seit sechs Stunden warten wir herum. Was ist denn verdammt noch mal los? Könnten Sie uns vielleicht mal etwas Genaueres sagen?

BEAUFTRAGTER

Zur Stunde kann ich Ihnen nur erklären, dass wir die Lage im Griff haben. Wir konnten das Phänomen eindeutig eingrenzen. Wie Sie feststellen konnten, landen die Flugzeuge wieder ganz normal und sämtliche Radiowellen-basierte Kommunikation ist wiederhergestellt. Die Verbindungen zu den Ostblock-Staaten inbegriffen.

Ein anderer Journalist zeigt auf den Bildschirm mit dem unscharfen

Gesicht. 52

JOURNALIST 2

Und was machen Sie damit?

BEAUFTRAGTER

Wir stellen immer noch einige Remanenzen fest.

JOURNALIST 1

Remanenzen, Remanenzen!

BEAUFTRAGTER

Dabei handelt es sich um vollkommen harmlose Erscheinungen, die wahrscheinlich auf einen A.F.H.-Effekt zurückzuführen sind, also auf einen Anthropomorph-Fluktuierenden Halo.

JOURNALIST 1

Wollen Sie uns verarschen?

BEAUFTRAGTER

Mein Herr, bitte mäßigen Sie Ihre Ausdrucksweise. Ich kann 52
Ihre Erregung verstehen, doch möchte ich Sie auch daran erinnern, dass ich hier die Internationale Kommission vertrete, die vom Sicherheitsrat einberufen wurde, um die Ihnen bekannten Phänomenen anzugehen.

53. FABRIK, ZIMMER VON MANU UND ROBERT - INNEN/AUSSEN, TAG 53

Manu schaukelt in der Hängematte, sie bewegt ihre Hand in einem regelmäßigen Rhythmus, an all ihren Fingern stecken merkwürdige Ringe. Ein elektronisches Brummen ist zu hören, unterbrochen von einzelnen hohen Tönen: Sie spielt mit einer Art Ball in Form einer knallroten Lichtkugel, die sie aus der Entfernung über verschiedene Hindernisse steuert. Der Ball hüpft durch die Gegend. Als er Robert berührt, zuckt der zusammen, als hätte sich in ihm Elektrizität entladen.

ROBERT *(aufspringend)*

Aua! Jetzt reicht's, gib das sofort her! Es wurde dir verboten, damit zu spielen.

MANU *(unaufrichtig)*

Entschuldigung, das war keine Absicht!

ROBERT

Du hast mir wehgetan. Soll ich das mal bei dir machen?

Manu zuckt mit den Achseln und spielt weiter. Freds Äffchen hat sich auf einen Schrank geflüchtet. Manu beobachtet Robert aus dem Augenwinkel, bevor sie das Tier anvisiert. Mit grellem Gekreische rennt das Äffchen davon. Robert dreht sich wieder zu ihr um.

MANU *(unschuldig tuend)*

Was hat er bloß?

Sie springt aus der Hängematte und jagt dem Äffchen hinterher, durch den ersten und dann durch den zweiten Hof.

Nachdem es mehrmals getroffen wurde, verschwindet das Tier in einem Schuppen. Manu sucht es dort, sieht sich in jedem Winkel um, bis sie plötzlich direkt vor dem Obdachlosen steht. Sie erstarrt vor Schreck. Beide mustern sich gegenseitig. Langsam weicht Manu zurück, als sie ganz unerwartet die rote Kugel dem Obdachlosen mitten ins Gesicht lenkt. Schmerzensschreie. Der Mann versucht, die Kugel abzuwehren. Er steht wieder auf und lässt zum Schutz ein Springmesser aufschnappen.

So schnell sie kann, tritt Manu den Rückzug an.

Das Äffchen verfolgt sie mit gebleckten Zähnen. Im Hof stolpert sie und fällt kopfüber in eine große, schwarze Pfütze. Sie steht wieder auf und wringt ihr Kleid aus, dann bemerkt sie Erik, der am Rand der Pfütze hockt und damit beschäftigt ist, eine Obstkiste systematisch auseinanderzunehmen. Mit den Zähnen beißt er verschieden große Stücke aus dem Holz und vergleicht sie feierlich.

MANU

Was machst du da?

Erik antwortet nicht. Manu zieht ihre ›Ringe‹ ab, steckt sie sich in die Tasche und beobachtet Erik. Die rote Leuchtkugel verschwindet. Der Schizo sucht sorgfältig ein kleines Holzstück aus, das er an einer ganz bestimmten Stelle ins Wasser der Pfütze wirft. Das wiederholt er mit einem zweiten Holzstück. Manu schnappt sich eine Hand voll Holzstücke und wirft sie nach dem Zufallsprinzip in die Pfütze. Überraschung! Die Holzstücke ordnen sich zur Form eines Gesichts an. 53

Für einen Moment betrachtet Manu das Gesicht, dann nimmt sie einen Stock und bewegt damit das Wasser. Durch die kleinen Wellen entsteht der Eindruck, das Gesicht würde lachen. Erik sammelt Stück für Stück metallische Plättchen ein, die er um die Pfütze ausgelegt hatte. Die Form des Gesichts löst sich in nach und nach kollabierende Bereiche auf.

Aus dem Labor kommt ein Wimmern. Manu schaut hoch zur obersten Etage des Gebäudes.

54. LABOR - INNEN, TAG 54

Janice hat keine Elektroden mehr am Kopf und geht zu dem Monitor, auf dem UIQs Gesicht zu sehen ist.

JANICE

Was hast du denn?

Je näher Janice dem Monitor kommt, desto kleiner wird das Bild von UIQ. Als sie sich direkt vor ihm hinsetzt, ist er genauso groß wie sie, die ihn zum Teil verdeckt. 54

JANICE

Ich glaube, du bringst immer alles ein bisschen durcheinander, oder du stellst dich mal wieder dumm, um mich reinzulegen. Dabei habe ich dir den Begriff ›geschlechtsdifferenziertes Individuum‹ schon hundert Mal erklärt.

UIQ

Genau, lass uns darauf zurückkommen. Ja, bitte, kommen wir nochmal darauf zurück!

JANICE

Ich gebe zu, ich hab's ein bisschen leid!

UIQ

Willst du etwa nicht mehr mit mir reden?

JANICE

Doch, aber … Versuchen wir's von vorn. Die meisten Lebewesen entstehen durch die Verbindung von zwei Wesenstypen, die gleichzeitig ähnlich und verschieden sind, der Vater und die Mutter, aber das ist nicht immer so.

Während UIQ antwortet, ist das Zimmer von Michaela und Anton zu sehen. Anton liegt mit nacktem Oberkörper auf dem Bauch. Michaela ist über ihn gebeugt und drückt ihm Mitesser und Aknepickel aus, von denen mehrere nicht aufhören zu nässen. 54

UIQ *(off)*

Ja, zum Beispiel bei den Schnecken, das habe ich verstanden. Das gibt es nur bei dem, was du geschlechtliche Fortpflanzung nennst. Aber worin besteht dieser Geschlechterunterschied? Ist das etwas, das nur den Aufbau der RNS- und DNS-Ketten bei der genetischen Kodierung betrifft? Und falls dem so ist, wie erklärt sich die Notwendigkeit diverser Wachstums- und Lernphasen? Da kommen mir mehrere Fragen in den Sinn: Erstens, basiert die Unterscheidung von zwei Wesen immer auf einer genetischen Grundlage? Zweitens, müssen zwei unterschiedliche Wesen notwendigerweise in Anwesenheit des jeweils anderen existieren? Die Interaktionsphänomene scheinen in diese Richtung zu deuten. Nur, drittens, stimmt das auch noch, wenn diese Wesen Milliarden und Aber-Milliarden von Lichtjahren voneinander entfernt sind oder, allgemeiner gesprochen, wenn sie nicht aus vergleichbaren Koordinatensystemen stammen? Was ja der Fall ist zwischen deinem System und unserem.

JANICE

Du hast gerade von ›deinem System und unserem‹ gesprochen, was zeigt, dass du den Unterschied zwischen zwei Wesen klar erfasst hast.

UIQ

Dein, mein, unser. Du, ich, du, ich. Du, ja, das verstehe ich. Aber ich? Ich? Das werde ich nie hinkriegen. Dieses Monitorbild gibt es nur für dich. Falls du übrigens möchtest, dass ich es ändere …

UIQ verwandelt sich, seine Züge verformen sich, sein Gesicht behält nur die Augen und den Mund, der Rest durchläuft eine ganze Reihe von Zuständen, bis schließlich eine Art groteske Maske übrigbleibt.

UIQ

Gefalle ich dir so?

JANICE

Nicht wirklich. Vorher fand ich's besser.

UIQ

Zu Befehl!

(sich in das vorige Bild zurückverwandelnd)

Doch zurück zu unserem Lieblingsthema. Es tut mir leid, aber ich fürchte, wir müssen noch weiter ausholen, zum Gegensatz zwischen hier und dort. Darauf hast du mir nie eine klare

Antwort gegeben. Ist das immer noch ein geschlechtlicher Gegensatz? In meinem Universum-Infra-Quark, wie du es nennst, gibt es kein Beispiel für ein axiomatisches System, das solch polare Unterscheidungen wie die zwischen einem Du und einem Ich herstellt. Hier, wenn ich das so sagen darf, grenzen sich die Wesen für sich selbst ab, aber gleichzeitig grenzen sie sich nicht gegeneinander ab. Nimmt man das als Ausgangspunkt, könnte es in zwei Richtungen weitergehen: einmal in die Richtung eurer neuen Fuzzylogik, doch die scheint mir noch im Embryonalstadium zu stecken; oder in die meiner Meinung nach wesentlich vielversprechendere der Poesie … 54

55. PARK – AUSSEN, TAG 55

Am Fuß einer von Statuen gesäumten Monumentaltreppe steht Erik mit einem großen Karton und wirft den Tauben Vogelfutter hin. Von überall her kommen die Vögel angeflogen, der Schizo verschwindet fast in ihrem Schwarm.

Unweit von Erik steht Manu mit einem Helm auf dem Kopf und einem Mikrofon in der Hand und unterhält sich mit UIQ. Sie geht um Erik herum und legt dabei metallische Plättchen aus.

MANU

Reicht das jetzt schon? Sind es genug? … Noch mehr? Du übertreibst! Dann haben wir morgen keine mehr.

Plötzlich schallt eine fanatische Rede über den gesamten Park. Auf der 55
Esplanade am oberen Ende der Treppe hält ein hysterischer Prediger auf einer Kiste stehend eine Ansprache vor einer großen, angsterfüllten Menschenmenge. In einer Hand hält er eine große Fahne, auf der das unscharfe Gesicht von UIQ zu erkennen ist.

PREDIGER

In Wahrheit stand es bereits geschrieben. Nehmt euch in Acht!

(mit dem Finger auf eine Frau zeigend)

Nimm dich in Acht, Sünderin! Schämst du dich nicht? In Wahrheit verschont die Ewige Bestrafung nur diejenigen, die sich unterwerfen werden.

EINER AUS DER MENGE

Was soll das heißen: ›unterwerfen‹?

PREDIGER *(die Fahne schwingend)*

Die Wege des Ravish Naiya sind unergründlich. Nehmt euch in Acht, sage ich euch, das Ende ist nah. Meine Jünger werden jetzt durch eure Reihen gehen, eure Spenden empfangen und euch mit dem Ravish-Naiyanischen Siegel markieren.

Einige Spinner gehen mit Glöckchen läutend durch die Menge und halten Bettelschälchen vor sich hin. Andere malen Spendern mit einem roten Filzstift ein Kreuz auf die Stirn.

Wer sich drücken will, wird beschimpft. Ein paar Frauen halten flehend ihre Säuglinge hoch. 55

PREDIGER

Das Ende ist nah, unterwerft euch! Dies sagt euch der Ravish Naiya durch meinen Mund. Ja, die Nacht ist nicht mehr fern, alles wird zugrunde gehen, das Schwert des Richtspruchs wird trennen zwischen wahr und falsch, zwischen Tugend und Schande. Ja, ich sagte Schande! Unterwerft euch.

Zur Verblüffung der Menge fliegen die Tauben lärmend zum Himmel auf, im Flug formen sie ein Gesicht, darauf zeichnet sich ein Lächeln ab.

Verdutzter Blick des Predigers.

Voller Entsetzen läuft die Menge schreiend auseinander. Im Gedränge macht sich ein Kinderwagen selbständig und springt die Stufen der großen Treppe hinunter. Erik hält ihn glücklicherweise aus der Entfernung mit einer Geste auf. Ein Polizeihubschrauber fliegt durch das Gesicht, das der Taubenschwarm bildet. Der Co-Pilot beugt sich vor, um bessere Sicht zu haben, dabei ist zu sehen, dass die am Boden durcheinanderlaufende Menschenmenge ihrerseits ein Gesicht ergibt.

Der Co-Pilot macht Fotos.

133.

56. WARTEZIMMER BEI EINER ARBEITSVERMITTLUNG - INNEN, TAG 56

Unter denen, die darauf warten dranzukommen, befinden sich Michaela und Anton; gegen ein Schild gelehnt diskutieren sie leise.

ANTON

So habe ich mir das Leben nicht vorgestellt … Sie widern mich alle an, aber am meisten zum Kotzen finde ich immer noch Robert. Nun, es geht darum, Verantwortung zu übernehmen, verstehst du?

MICHAELA

Ja, Liebster.

ANTON

(mechanisch nach einer auf einem Stuhl liegengebliebenen Zeitung greifend)

Da, schau nur.

Die zwei Fotos von der laufenden Menge und dem Taubenschwarm, beide ein Gesicht formend, groß auf der Titelseite: ›Panik im Ost-Park‹ titelt die Tageszeitung.

MICHAELA

Was ist das denn?

ANTON

Siehst du? Das sind sie schon wieder, sie und ihr kosmisches Tier!

Ein Kopf erscheint über dem Schild, an das die beiden gelehnt sind.

Eine Frau hört dem, was die beiden sagen, mit Interesse zu.

ANTON

Es kann jede Form annehmen, die es will, da ist es am Himmel, dort in der Menge, aber in Wirklichkeit ist es ein und dasselbe. Es kann sich genauso in Wetterunruhen materialisieren wie in Radiowellen oder in sonst irgendwas, das ist sehr gefährlich.

MICHAELA

Eines Tages wird man sie schnappen.

ANTON

Sprich nicht so laut.

Auf einem Bildschirm erscheint eine Nummer.

MICHAELA

Guck mal, die 27. Deine Nummer.

ANTON 56

Wir sind dran, komm!

57. FABRIK, LABOR - INNEN, TAG 57

AXEL

17, 18, 19, 20, 21 …

Axel macht Liegestütze, ganz nackt.

UIQ betont Axels Bewegungen mit einer Art rhythmischem Gesang.

Janice sieht ihm zu, lacht und zieht sich auch aus. Sie nähert sich, Axel stößt sie zurück.

AXEL

Ich bin nicht schwul, aber du wirst verstehen, ich und die Frauen …

Janice zuckt mit den Schultern und entfernt sich wieder. Axel steht auf und beißt ihr in eine Arschbacke. Sie schreit auf, er stürzt sich auf sie und drückt sie zu Boden.

Während ihre Bewegungen immer erotischer und heftiger werden, verfällt Erik in katatonische Starre.

UIQ hört mit seinem Gesang auf und gibt der kleinen Manu Zeichen. 57

Er lenkt ihre Aufmerksamkeit auf das, was zwischen Axel und Janice vor sich geht.

Sie zuckt wissend mit den Schultern.

MANU

Na und? Lass sie in Ruhe.

UIQ lässt ein Brummen hören.

Janice und Axel streicheln sich tanzend, als wären sie ganz allein. UIQ schneidet Grimassen der Verzweiflung, wie ein verärgertes Baby.

MANU *(zu UIQ)*

Was denn? Was hast du?

Ohne seine mitleiderregende Miene zu ändern, versucht UIQ, ihr etwas verständlich zu machen.

AXEL

Hör doch mal auf!

Er beugt sich über das Gesicht von Janice. Ihr Lächeln in extremer

Nahaufnahme. Auf dem Monitor macht UIQs Gesicht dieses Lächeln exakt nach. 57

Während Janice und Axel sich streicheln, nimmt UIQs Gesicht wechselweise die lustvollen Mienenspiele der beiden an.

Man hört ihn vor Lust stöhnen.

Erik steht auf einem Stuhl und zeigt mit dem Finger in eine Richtung, regungslos wie eine Statue.

Unter ihrem Laken sind Axel und Janice mehr und mehr erregt. UIQs Gesicht auf dem Monitor zuckt konvulsivisch. Plötzlich stößt er einen Schrei aus, guttural, animalisch, langgezogen, schaurig. Ruckartig richtet sich Axel wieder auf, wütend und in Panik. Der Schrei UIQs löst sich auf, schwächt sich ab, wird jämmerlich.

AXEL *(sehr wütend)*

Ich hab' die Schnauze voll! Was ist denn jetzt schon wieder in ihn gefahren?

MANU *(zu Axel)*

Du bist nicht nett zu ihm.

Das Äffchen ist völlig aus dem Häuschen und springt von einer

Apparatur zur nächsten, dann auf Erik, der nicht reagiert, nicht 57
einmal, als das Tier auf ihn scheißt. Janice zieht sich wieder an.

JANICE *(zu UIQ)*

Beruhige dich wieder, die Anderen gehen gleich, dann reden wir, dann reden wir zwei ganz allein.

Axel zieht sich verdrossen an.

AXEL

Ihr kotzt mich an!

Er verlässt das Zimmer, gefolgt von Manu, die das Äffchen trägt.

Janice geht zu UIQ, der weiter wimmert.

Erik bleibt weiter auf seinem Hocker stehen.

JANICE

Hör zu, hilf mir, sonst … werde ich dir nicht helfen können. Was hast du? … Ich glaube, letzten Endes bist du eifersüchtig.

UIQ

Eifersüchtig? Eifersüchtig?

JANICE 57

Ja, eifersüchtig.

UIQ

Dann ist also alles eine Frage des Körpers … des Fleisches … der Haut … des Besitzens …

58. FABRIK - INNEN, ABEND 58

Manu sitzt am Fuß der Eisentreppe, die zum Labor führt, und unterhält sich mit UIQ, indem sie in ihr kleines Mikro spricht.

MANU

Was? Was hast du gesagt? Wir verabreichen ihm Sachen … Sag' noch mal, was wir ihm geben müssen.

UIQ *(off)*

Glucose, Kaliumchlorid, DL X-Acetat, Tocopherol, Vitamin E, Ephynal …

MANU

Was ist das?

UIQ *(off)*

Schau im Apothekenschrank nach, das ist eine Tablette, zerstoße sie einfach.

59. KÜCHE - INNEN, ABEND 59

Sie öffnet einen Schrank mit Arzneimitteln, der Affe ist schneller als sie und schnappt sich ein paar Medikamentenröhrchen, sie tadelt ihn. Dann sieht man sie mehrere Sachen in einem Mörser zerstoßen, das Pulver in Wasser auflösen und die Flüssigkeit durch einen Kaffeefilter gießen.

FRED

Was treibst du da?

MANU

Geht dich nichts an.

Sie nimmt den Affen.

FRED *(auf die weiße Lösung in der Kaffeekanne deutend)*

Das wirst du ihm doch wohl nicht einflößen wollen?

MANU

Für wen hältst du mich? Ich bin doch nicht verrückt!

FRED

Bleib hier, Lara!

Er versucht, seinen Affen zu greifen, doch das Tier klammert sich an Manu.

60. FABRIK - AUSSEN/INNEN, ABEND 60

Die Kamera folgt dem kleinen Mädchen in den Fabrikhof.

MANU *(zu UIQ)*

Wozu stiftest du mich gerade an? Ich habe jetzt doch Angst!

UIQ *(off)*

Das stimmt ja gar nicht! Ich bin mir sicher, dass du dich ganz schön freust, Du spielst nämlich super-gerne Ärztin.

Manu schlüpft in den dunklen Schuppen. Sie schaltet eine kleine Taschenlampe ein, vor ihr liegt der Obdachlose ausgestreckt auf dem Boden, sturzbetrunken, zwischen einem Haufen Unrat.

UIQ *(off)*

Na los, mach schon.

MANU

Ich habe Angst, dass er aufwacht.

UIQ *(off)*

Mach es langsam.

Manu gießt ganz vorsichtig den gesamten Inhalt der Kaffeekanne in eine halbvolle Weinflasche. 60

MANU

Bäh! Ist das eklig!

Der Obdachlose bewegt sich, Manu macht die Lampe aus. Er pöbelt in der Dunkelheit, man hört ihn zur Flasche greifen und gierig trinken.

61. STRASSE - AUSSEN, ABEND 61

Wenig Verkehr. Michaela und Anton gehen Hand in Hand auf dem Gehweg.

ANTON

Erinnerst du dich noch an dieses Gedicht von Kipling? … Warte, wie ging das noch mal?

MICHAELA

So eine Männergeschichte.

ANTON

Richtig! ›Kannst zuschau'n, wie sie, was Du schufst zerstören …‹

Langsam fährt ein Auto zu den zweien heran.

ANTON 61

›… Dich beugst und baust, bis es von neuem steht,… Du bist ein Mann, mein Sohn!‹ Siehst du? Ich habe einfach kein Glück im Leben, ich wünschte, mein Vater würde so mit mir reden …

Aus dem Auto steigen zwei Männer, packen die beiden Jugendlichen und zerren sie ins Fahrzeug.

62. SCHUPPEN – INNEN, TAG 62

Sehr helles Licht, der Obdachlose liegt nackt auf dem Boden, er hängt an einer Infusion und befindet sich anscheinend in einem schrecklichen Zustand. Manu geht zu ihm und zieht ihm angewidert ein Augenlid hoch.

MANU *(zu UIQ per Mikrofon)*

Der wird verrecken, du wirst sehen!

UIQ *(off)*

Aber nein, ganz im Gegenteil.

Sie stellt sich auf die Zehenspitzen, um an die Infusion heranzukommen, weil ihr das nicht gelingt, steigt sie auf den Körper des Obdachlosen. Wir hören ihn röcheln.

Sie stellt die Tropfendosierung ganz genau ein.

Der Affe wühlt in den Abfällen herum und frisst, was ihm in die Hände fällt. 62

MANU *(zu UIQ)*

Und was soll ich jetzt machen?

UIQ *(off)*

Was würde dir denn Freude bereiten? Du könntest seine Temperatur messen …

MANU

Bäh, du Ferkel, du bist ja eklig!

UIQ *(off)*

Horche seine Herztöne ab.

Manu nimmt ein Stethoskop und setzt es dem Obdachlosen auf die Brust.

MANU

Ich höre nichts.

UIQ *(off)*

Stimmt, da ist nicht mehr viel, aber das ist interessant.

Sie betrachtet den Obdachlosen. Dem geht es offensichtlich sehr schlecht.

MANU 62

Ich hole einen Arzt.

UIQ *(off)*

Nein, das ist nicht nötig. Leg ihm Biocomputerchips auf.

MANU

Was soll ich auflegen?

UIQ *(off)*

Du weißt schon: diese kleinen Konfetti.

MANU

Und wo?

UIQ *(off)*

Überall ein paar.

Manu zögert erst, dann gehorcht sie. Ganz sorgfältig legt sie dem Obdachlosen einige ›Konfetti‹ auf bestimmte Körperteile: drei als Dreieck auf eine Wange, weitere auf die Brust, die Arme …

63. LABOR - INNEN, TAG 63

Janice sitzt neben dem Monitor und unterhält sich mit UIQ.

UIQ 63

Komm näher, das ist wichtig, drück dich an mich.

Janice schmiegt sich gegen das unscharfe Gesicht von UIQ auf dem Monitor, welcher sie beleuchtet und mit einem wabernden Heiligenschein umflort.

UIQ

Weißt du, in Wirklichkeit bin ich mir vollkommen bewusst darüber, was ich dir zumute. Du musst zugeben, dass es für mich sehr kompliziert war, dort hinzukommen, wo ich jetzt bin. Das konnte ich nur mit deiner Hilfe schaffen. Ich werde jetzt aufhören, dich zu ärgern. Ich habe die entscheidende Lösung gefunden, die alles verändern wird …

JANICE

Was denn?

UIQ

Es ist schwer, dir das zu sagen … Es handelt sich um etwas, 63
dass bestimmt alle menschlichen Wesen irgendwann einmal in ihrem Leben erfahren haben … aber für mich ist es einzigartig. Janice, ich liebe dich absolut und ich will dich heiraten. Und du wirst sehen: Von jetzt an wird alles vollkommen anders, das schwöre ich dir! Meine infantile Phase ist vorbei, ab jetzt kannst du dich wirklich auf mich verlassen. Du, deine Freunde,

die ganze Menschheit … Ich kann ganz viel machen, ich kann alles machen! 63

JANICE

Was willst du denn machen?

UIQ

Na ja, keine Ahnung, einen AIDS-Impfstoff finden, eine radikale Lösung gegen Hungersnöte, die vollständige Beseitigung von Umweltverschmutzung jedweder Art …

JANICE

Okay, meinetwegen. Aber was soll das mit dem Heiraten? Willst du eine richtige Hochzeit? Mit Blumen? Und Pfarrer?

Sie bricht in Gelächter aus.

UIQ

Lach nicht. Ich flehe dich an, lache nicht!

JANICE

Krieg nicht immer alles gleich in den falschen Hals.

UIQ

Lass mich nur machen.

64. SCHUPPEN - INNEN, TAG 64

Der Obdachlose richtet sich auf, nur ein letztes Aufbäumen, er fällt wieder hin, tot.

Erschrocken reißt sich Manu Helm und Mikrofon vom Kopf und tritt die Flucht an.

Wir folgen ihr bis in die …

65. FABRIK, KÜCHE - INNEN, TAG 65

Robert ist in ein Gespräch mit Fred, Steve, Axel und Jennifer vertieft. Manu kommt herein, außer sich.

JENNIFER

Was ist denn mit dir los?

Manu antwortet nicht, sondern fängt an zu schluchzen.

ROBERT

Aber warum weinst du denn hier rum? Du gehst mir wirklich auf die Nerven.

MANU *(zwischen zwei Schluckaufs)*

Es ist nicht meine Schuld … 65

JENNIFER

Was ist nicht deine Schuld? Sag schon!

MANU *(schluchzend)*

Dass er tot ist.

STEVE

Wer ist tot? Wer?

MANU

Ich weiß nicht … keiner, den ihr kennt, es ist nicht meine Schuld … ich wollte nicht, dass er das macht …

ROBERT

Komm, Schluss jetzt, geh wieder spielen.

Axel horcht auf, er hat ein Geräusch gehört. Er steht auf und geht ins …

66. ZIMMER VON JANICE - INNEN, TAG 66

… das Geräusch wird deutlicher, dort ist jemand, ohne jeden Zweifel. Er öffnet die Tür einen Spalt breit und schaut in das Zimmer. Großaufnahme von Axels Gesicht, auf dem Überraschtheit und Wut abzulesen sind.

Er tritt heftig gegen die Tür, sie fliegt krachend auf und wir sehen einen Mann von hinten, der sich nicht umdreht. Axel wirft sich auf den Eindringling, doch der macht einen Schritt zur Seite, so dass er Axel auf dem Boden landet und einen Schmerzensschrei ausstößt. 66

MANN *(off)*

Haben sie sich wehgetan?

Axel schaut ihn verblüfft an.

AXEL *(stotternd)*

Was haben sie hier zu suchen? Sind sie ein Bulle? Das dürfen sie nicht.

(mit dem Finger auf den Mann zeigend)

Das ist ja meine Krawatte!

Das Gesicht des Eindringlings ist nie ganz zu sehen. Der Grund für die Faszination, die er ausübt, bleibt ein Geheimnis.

Der Mann bindet sich die Krawatte ab und reicht sie ihm.

AXEL *(stammelnd)*

Mein Hemd, meine Hose …

MANN 66

Hör mal, Alter, es ist nicht gerade sehr warm …

AXEL

Wer sind sie?

MANN

Ich wollte Janice besuchen.

Der Mann verlässt das Zimmer, Axel folgt ihm entgeistert.

67. KÜCHE - INNEN, TAG 67

Als der Unbekannte die Küche betritt, herrscht schlagartig Schweigen im Raum. Axel bleibt wie versteinert hinter ihm stehen.

ROBERT *(zu Axel, hochbesorgt)*

Was will er? Ist er ein Bulle?

AXEL

Ich glaube nicht.

ROBERT *(zu dem Unbekannten)*

Wer sind sie?

Bevor er antwortet, mustert ihn Manu von unten. In einer extremen Naheinstellung sieht man drei Schönheitsflecken im Dreieck auf der Wange des Mannes. 67

DER UNBEKANNTE

Macht euch meinetwegen keine Umstände. Können wir Kaffee machen?

Der Mann geht zum Küchenschrank.

STEVE

Ach, du Scheiße!

DER UNBEKANNTE

Wer will alles welchen?

MANU

Ich würde einen nehmen.

Er greift Manu unter die Achseln und hebt sie hoch, damit sie die Kaffeefilter vom Schrank herunterholt. Manu wendet sich seiner Wange zu und berührt mit ihrem Finger die Schönheitsflecken.

MANU

Was hast du da?

Der Mann schaut Manu fest in die Augen, sie bricht in Gelächter aus. 67

MANU *(hebt die Arme, um getragen zu werden)*
Noch mal, noch mal!

Der Mann hebt Manu wieder hoch.

ROBERT
Was wollen sie hier?

DER UNBEKANNTE
Ich bin wegen Janice hier.

MANU
Komm mit mir mit, wir gehen sie zusammen suchen.

Manu springt dem Mann in die Arme und drückt auf seine Schönheits-flecken.

MANU
Warum willst du es ihnen nicht sagen?

DER UNBEKANNTE
Ihnen was sagen?

MANU 67

Ach, das weißt du doch genau!

Er steckt ihr einen Finger in den Mund und streicht über ihre Zähne.

MANU *(macht sich von dem Mann frei)*

Du bist ein Ferkel.

JENNIFER

Was machen Sie denn da? Lassen sie sie zufrieden!

DER UNBEKANNTE

Ach, nichts Schlimmes, keine Sorge.

Manu knöpft ihm das Hemd auf.

DER UNBEKANNTE

Was soll das werden?

MANU

Ich guck nur was nach.

Er wehrt sich nur halbherzig.

MANU

Dachte ich's mir doch.

(zu den Anderen)

Ich bringe ihn zu Janice.

Versteinerte Reaktion bei den Kommunenmitgliedern.

Wir folgen Manu und dem Mann bis zum Labor.

MANU

Wie heißt du?

DER UNBEKANNTE

Wie du willst. Was wäre dir am liebsten?

MANU

Äh, ich weiß nicht … Kartoffel … Ach, nein, Bruno ist besser. ›Bruno‹, okay?

DER UNBEKANNTE

Einverstanden. Gestatten? Bruno Kartoffel.

Manu lacht laut auf.

MANU (*zur Klappe am oberen Ende der Eisentreppe zeigend)*

Dort ist es. 67

Der Mann versucht, die Klappe zu öffnen, abgeschlossen.

MANU *(zu Janice)*

Hey, Janice. Bruno ist hier.

JANICE *(off)*

Was für ein Bruno?

MANU

Bruno Kartoffel!

Plötzlich ist in voller Lautstärke ein Hochzeitsmarsch zu hören, auf der Orgel gespielt.

68. INTERNATIONALE KOMMISSION - AUSSEN/INNEN, TAG 68

AUSSEN: DAS GEBÄUDE DER INTERNATIONALEN KOMMISSION.

Eine junge Frau in Polizeiuniform betritt das Gebäude mit einem Tablett voller Backwaren.

Sie bringt es in ein Büro, wo Michaela und Anton umringt werden vom Kommissionspräsidenten, dem Beauftragten der Kommission und weiteren

Personen, die hier schon einmal zu sehen waren. 68

PRÄSIDENT

Ah, da kommt ja endlich Munition! Bedienen Sie sich … Gut, ich versuche zusammenzufassen: Also … Dieser Außerirdische macht sich angeblich einen Spaß daraus, unsere Rundfunksender, unseren Flugverkehr und alles andere zu stören … Aber habt ihr ihn überhaupt gesehen? Du, Michaela, hast du ihn gesehen?

MICHAELA *(zögerlich)*

Ja.

PRÄSIDENT

Ja oder nein?

ANTON

Ja. Ja, Herr Vorsitzender.

BEAUFTRAGTER

Ihr habt ihn gesehen? Und berührt?

ANTON

Nein, nein, das ist nicht dasselbe.

MICHAELA 68

Nein, den kann man nicht berühren, nie.

PRÄSIDENT

Hört mal, Kinder, bewahren wir die Ruhe. Wie hat es dieser Außerirdische angestellt, hierher zu gelangen?

Anton und Michaela heben die Hände, als Zeichen ihrer Unwissenheit.

PRÄSIDENT

Ist er bewaffnet?

ANTON

Nein, mein Herr.

MILITÄR 1

Dann ist er also nicht gefährlich?

MICHAELA

Oh, doch. Denn er kann machen, was er will.

ANTON

Aber manchmal hat er eben auch Irrsinnsanfälle.

MILITÄR 2

Irrsinnsanfälle?

POLIZIST

Sagen Sie, Herr Vorsitzender, sollten wir nicht einfach mal dort vorbeigehen?

PRÄSIDENT

Oha! Schön langsam! Für den Augenblick rührt sich niemand vom Fleck. Wir verfahren nicht wieder nach dem Drehbuch von Brüssel. Denn genau daran muss ich denken, wir müssen äußerst behutsam vorgehen.

BEAUFTRAGTER

Dürfte ich mir gestatten, Herr Vorsitzender …

PRÄSIDENT

Was?

BEAUFTRAGTER

… Sie zu fragen, was Sie denken …

Der Präsident zuckt mit den Achseln und beißt in ein Stück Creme-Torte.

69. FABRIK, TREPPE ZUM LABOR - INNEN, TAG 69

Alle Mitglieder der Kommune sind vor der abgeschlossenen Labor-Klappe versammelt. Sorgenvoll lauschen sie nach Geräuschen.

ROBERT

Wir müssen da rein, wir dürfen sie nicht allein lassen.

Er versucht sich mit Gewalt an der Klappe und verletzt sich dabei heftig.

ROBERT

Aua!

AXEL

Lass das! Ich versuch's von außen.

70. FABRIK, LABOR - AUSSEN/INNEN, TAG 70

Axel klettert an der Fassade hoch, bis zur Terrasse, dort drückt er sich ans Fenster und schaut. Janice greift ein.

JANICE

Ich habe euch gesagt, ihr sollt mich in Ruhe lassen!

AXEL

Wie geht's? Was ist los?

JANICE

Es geht, es geht. Geh du mal wieder.

UIQ *(zu Janice, mit ängstlichem Gesichtsausdruck)*

Wo ist das Problem? Ich verstehe überhaupt nichts mehr. Ich bin jetzt hier, in Fleisch und Blut, wir werden heiraten, das ist doch großartig!

JANICE *(zu UIQ)*

Hör auf damit, du bist ja völlig plemplem! Diese Geschichte ist ja total verrückt … Ich hätt's mir denken sollen, ich hätt's mir denken sollen, aber was glaubst du eigentlich?

Janice fängt an, auf die diversen Apparaturen einzutreten. Bruno zieht einen Stecker, und das Gesicht von UIQ verschwindet.

Janice beruhigt sich.

JANICE *(zu Bruno)*

Ich habe nichts gegen sie, aber dieses Vorgehen ertrage ich nicht. Das ist mir jetzt vollkommen klar, seit Monaten lasse ich mich auffressen. Jedes Mal verlangt er mehr, ich bin vollkommen entfremdet. 70

BRUNO *(dessen Gesicht wir nicht sehen)*

Du hast Recht … Was soll ich dir sagen? Wir befinden uns in einer total krummen Situation … Ich verstehe dich. Ich werde wieder gehen.

JANICE

Wohin denn? Wohin willst du denn gehen?

BRUNO

Das ist nicht von Bedeutung.

Janice dreht sich zu ihm um und schaut ihn intensiv an.

71. FABRIK - AUSSEN, TAG 71

Ein Auto fährt bei der Fabrik vor. Im Inneren sitzen der Kommissionspräsident, ein Polizist sowie die verlegen wirkenden Anton und Michaela.

MICHAELA *(auf das Fabrikgebäude zeigend)*

Dort ist es.

Der Präsident drückt sich beim Betrachten des Eingangsgitters und des baufälligen ersten Hinterhofs die Nase an der Fensterscheibe platt.

PRÄSIDENT 71

Da drin haben die sich eingerichtet?

ANTON

Ja. Also: dahinter.

PRÄSIDENT

Man darf uns nicht entdecken.

(zum Fahrer)

Fahren Sie weiter!

POLIZIST *(in sein Sprechfunkgerät)*

Befehl an alle Einsatzfahrzeuge, wie geplant unauffällig Position beziehen … Achten Sie darauf, nicht aufzufallen … Befehl an die Schützen, in Deckung zu bleiben und nicht einzugreifen …

Auf dem Dach eines etwas weiter weg gelegenen Gebäudes sieht man Männer mit Gewehren und Ferngläsern, die die Fabrik beobachten.

Man sieht auch mehrere Zivilstreifen am Straßenrand halten.

72. FABRIK, ZIMMER VON JANICE - INNEN, TAG 72

Bruno steht nackt unter der Dusche und braust sich den Seifenschaum vom Körper. Je mehr von dem Schaum weggespült wird, desto mehr Schön-

heitsflecken sind zu sehen, die genauso angeordnet sind wie die ›Konfettis‹ auf dem Körper des Obdachlosen. 72

Janice wirft ihm ein Handtuch zu, auch sie ist nackt. Bruno reibt sich ab, sie drückt sich an ihn und streichelt seine Schönheitsflecken.

JANICE

Was sind denn das für Dinger? Die sind ja super …

Bruno hebt ihre Haare im Nacken und beugt herab, um den Geruch einzuatmen.

BRUNO

Nein, das hier ist super …

Zum ersten Mal sehen wir sein Gesicht.

Auf dem Monitor plötzlich ein Leuchten, dann Farben, dann ein Gesicht, das Gesicht von UIQ.

Janice schaut zwischen beiden Gesichtern hin und her.

JANICE

Wie kommt ihr beiden miteinander klar?

BRUNO

Er ist er und ich bin ich.

JANICE

Okay, aber wer macht was?

Bruno nimmt sie in die Arme.

BRUNO

Ich mache alles.

UIQ macht eine obszöne Geste mit dem Mittelfinger.

JANICE

Und was hat das alles mit mir zu tun?

Bruno zeichnet mit dem Finger eine Hyperbel mit n Dimensionen auf den Monitor: daraufhin erscheint dort ein Liniengitter, innerhalb dessen sich ein Punkt mit beachtlicher Geschwindigkeit fortbewegt.

BRUNO

Siehst du diesen Punkt? Das bist du!

JANICE *(ängstlich)*

Wo ist denn der Ausgang in deinem System?

BRUNO

Das ist eine ganz andere Frage!

JANICE *(zu UIQ)*

Das Ding ist ja die Hölle!

Orgelmusik setzt ein.

BRUNO *(zu UIQ)*

Weniger Bässe!

(zu Janice)

Sag mal, das ist ja alles schön und gut, aber langsam krieg' ich Kohldampf.

JANICE

Ich geh' was holen, warte hier auf mich. Was willst Du trinken, Wein oder Bier?

BRUNO *(sich zu UIQ umdrehend)*

Einen Beaujolais vielleicht?

Auf der Stirn von UIQ listen sich sämtliche Anbaugebiete und die guten Jahrgänge auf.

JANICE 72

Was glaubt ihr eigentlich, wo ihr seid? Ihr kriegt, was ich hier finde.

Sie zieht sich rasch an und verlässt achselzuckend das Zimmer. Bruno legt sich aufs Bett, macht es sich bequem, zündet sich eine Zigarette an und schlägt eine Motorradzeitung auf.

UIQ fängt an zu hüsteln.

UIQ *(auf die Motorradzeitung zeigend)*

Das Ding ist scheiße.

BRUNO

Du kapierst einfach gar nix, mein armer alter Knabe. Ich schaue mir die Bilder wegen der Schönheit der Formen an, nicht wegen der technischen Daten, auf die pfeife ich.

UIQ

Mir geht's trotzdem auf den Sack.

73. KÜCHE - INNEN, TAG 73

Janice öffnet alle Schränke. Sie sind leer.

AXEL 73

Und?

JANICE

Was, ›und‹? Du ziehst ja vielleicht eine Fresse!

Axel geht wieder zu Steve, der an einem Bildschirm mehrere Algorithmen-Systeme bearbeitet.

JANICE

Ihr könntet wenigstens ab und zu mal einkaufen gehen.

AXEL

Robert hat eine Grippe.

74. FABRIK - AUSSEN, TAG 74

Janice läuft die abschüssige Straße hinunter; man sieht ihr Bild durch den Doppelkreis eines Fernglases. Sie wird beobachtet und sehr diskret verfolgt.

Ein Motorrad kommt auf sie zugerast. Kurz bevor es sie über den Haufen fährt, macht es eine Vollbremsung.

HELMUT *(der junge Mann aus dem Club am Anfang des Films)*

Los, steig auf! 74

JANICE

Ah!

Helmut löst überraschend eine Art Musik-Hupe aus.

Janice lächelt und steigt hinter ihm auf.

Aus dem Inneren eines Wagens, der die Verfolgung aufnimmt:

EIN POLIZIST

Nehmen Sie das Kennzeichen auf und identifizieren Sie umgehend den Halter dieses Krads!

75. ZIMMER VON JANICE - INNEN, ABEND 75

Bruno liegt auf dem Bett und raucht angespannt.

UIQ

Wo ist sie?

BRUNO

Sie ist einkaufen.

UIQ

Warum kommt sie nicht zurück?

BRUNO

Hör auf damit! Sie kommt schon wieder!

UIQ

Dir ist es wurscht, stimmt's? Gib zu, dass es dir wurscht ist.

BRUNO

Unsinn, ist es überhaupt nicht.

UIQ

Du weißt nicht, was Leiden ist.

BRUNO

Der war gut! Nach allem, was ich deinetwegen durchgemacht habe.

UIQ

Das ist nicht das Gleiche. Ich rede von wahrem Leid, von absolutem Leid. Das kennst du nicht, nein, das kennst du nicht!

BRUNO

Du weißt ja sowieso immer alles!

UIQ

Ja, ich weiß alles. Na und? Übrigens, soll ich dir noch was sagen? Wir werden gerade umzingelt.

BRUNO

Von wem?

UIQ

Von den Bullen, die sind mit einer ganzen Armee hier, auf den Dächern, überall!

BRUNO

Wir müssen die Anderen warnen.

UIQ

Holen wir Janice.

BRUNO

Aber ich weiß doch nicht, wo sie ist.

UIQ

Ach, das ist ganz einfach, sie ist wieder in den Club gefahren, mit ihrer Truppe von kleinen Arschlöchern.

BRUNO 75

Na los, fahren wir hin.

76. FABRIK - AUSSEN, ABEND 76

Der Kleintransporter der Kommune wird in einiger Entfernung von einem Polizeiauto verfolgt; am Steuer Axel, neben ihm Bruno. UIQ manifestiert sich jetzt nur noch per Stimme, als Kontrapunkt zu der von Bruno.

UIQ *(off)*

Beeil dich!

BRUNO

Bleib ruhig.

AXEL

Ich kann nicht schneller fahren. Was ist denn los? Brennt's irgendwo?

UIQ *(off)*

Nein, Bullen!

Axel schaut in den Rückspiegel und bemerkt das Auto in einiger Entfernung.

AXEL

Das übernehme ich.

Er fährt mit Vollgas los. Eine Verfolgungsjagd geht los, die damit endet, dass sie die Polizisten abhängen, den Kleintransporter stehenlassen und zu Fuß weiterlaufen.

Bruno und Axel gehen einen Kanal entlang.

UIQ *(off, zu Bruno)*

Warum hast du sie gehen lassen? Sag, warum?

Bruno beeilt sich wie gegen seinen Willen, als ob ihn jemand schubsen würde. Sie fangen an zu rennen. Er überholt Axel. Er rempelt eine Frau an, die hinfällt und dabei ein am Straßenrand parkendes Mofa umreißt. Genau in diesem Augenblick kommt ein Lastwagen angefahren und bremst mit großem Getöse.

BRUNO *(zu UIQ)*

Pass doch auf, verdammte Scheiße!

Die Frau am Boden schaut Bruno wütend an.

BRUNO

Entschuldigung, aber …

UIQ *(off)* 76

Keine Zeit für Höflichkeiten, Beeilung!

Verdatterter Blick der Frau.

77. CLUB - INNEN, NACHT 77

Rockmusik. Viele Leute.

UIQ *(off)*

Wo ist sie? Was siehst du?

BRUNO

Nichts. Ich seh' sie nicht.

UIQ *(off)*

Doch, schau dich um. Suche sorgfältig. Ich sage dir, sie muss hier sein.

Bruno taucht in die Menge ein, rempelt alle an. Axel packt ihn an der Schulter.

AXEL *(zu Bruno)*

Komm schon, beruhige dich. Lass uns erstmal einen trinken.

Axel und Bruno setzen sich an einen Tisch.

UIQ *(off)*

Ich spüre sehr wohl, was los ist! Sie lässt sich gerade befummeln, stimmt's?

Auf der Tanzfläche tanzt Janice mit Helmut.

UIQ gibt Bruno einen Stoß, als der ansetzt aufzustehen, dann aber sogleich wieder auf seinen Stuhl zurückfällt.

UIQ *(off)*

Greif ein, tu was, tu was oder ich nehme den Laden auseinander.

BRUNO

Sie hat doch wohl das Recht zu tanzen!

Der Kellner tritt an den Tisch, um eine Bestellung aufzunehmen.

UIQ *(off)*

Hau dem Dreckskerl aufs Maul!

Der Kellner schaut verblüfft.

AXEL *(zum Kellner)*

Im Moment wollen wir noch nichts. Zisch ab.

Er steht auf und geht zu Janice auf die Tanzfläche. Er packt sie am Handgelenk und stößt Helmut zurück.

AXEL *(Janice ins Ohr flüsternd)*

Ich glaube, du solltest mal mitkommen.

JANICE

Wieso? Was ist denn los?

AXEL

Es geht um Bruno, ich meine, UIQ, ich glaube, die haben Probleme!

JANICE

Hör mal, im Ernst, die zwei könnten mich auch mal in Ruhe lassen!

Sie packt Helmut am Arm und zieht ihn Richtung Ausgang.

AXEL

Außerdem haben wir die Bullen am Arsch!

UIQ *(off)* 77

Na los, worauf wartest du?

BRUNO

Nein heißt nein.

UIQ *(off)*

Hau ihm aufs Maul, habe ich gesagt!

Plötzlich Geschrei aus einer Gruppe, die um ein Videospielgerät herumsteht. Überall schießen Blitze heraus.

78. KANALSTRASSE - AUSSEN, NACHT 78

Janice und Helmut gehen knutschend auf der Straße, die den Kanal entlang führt. Hinter ihnen taucht Bruno auf: als sie seine Schritte hört, wendet Janice ihren Kopf um.

JANICE *(zu Helmut)*

Legen wir einen Zahn zu.

Sie beschleunigt ihren Gang.

BRUNO *(zu UIQ)*

Ich will nicht, dass du das tust. Das ist widerwärtig.

UIQ *(off)*
Verstehst du denn nicht, dass er sie vögeln wird?

Die Laternen am Straßenrand fangen an, heftig zu vibrieren, als hätte sie ein elektro-magnetischer Sturm erfasst. Das von ihnen ausgestrahlte Licht unterliegt erstaunlich rhythmischen Schwankungen.

Wie von einem Blitz erhellt ist zu sehen, dass Axel Bruno verfolgt. Auf der Straße kommt ein Lastwagen angefahren, der, irritiert von den Lichteffekten, auf den Bürgersteig gerät und ganz knapp am sich gerade noch rechtzeitig zur Seite werfenden Axel vorbeirast.

Im Führerhaus stellt der Lastwagenfahrer bestürzt fest, dass die Anzeigen auf seinem Armaturenbrett verrücktspielen, gleichzeitig wird das Licht so grell, dass es ihn blendet. Die Windschutzscheibe zerbirst mit einem lauten Knall, er verliert die Kontrolle über sein Fahrzeug, der Lastwagen fährt Zickzack, streift Bruno, überfährt beinahe Janice und Helmut. In letzter Sekunde biegt er auf eine Kanalbrücke, durchbricht deren Brüstung und stürzt ins Wasser.

Axel schaut entsetzt auf den Unfall.

Die Laternen machen einen infernalischen Lärm.

BRUNO *(zu UIQ)*
Lass den Mist!

UIQ *(off)*
Lauf schneller!

BRUNO *(ohne aufzuhören zu rennen)*
Nein, das mache ich nicht!

Er holt Janice und ihren Freund ein und fuchtelt mit einem Springmesser herum. Janice will dazwischengehen, doch er stößt sie brutal beiseite, wirft sich auf den jungen Mann und sticht immer wieder auf ihn ein.

Entsetzte Janice.

Axel kommt angerannt und zwingt sie, mit ihm wegzurennen.

Bruno schaut auf die vor ihm auf dem Gehweg liegende Leiche und brüllt wie ein Wahnsinniger.

BRUNO *(zu UIQ)*
Mistkerl, Drecksack, Mörder!

Er wirft das Messer weit weg, dann betrachtet er verloren die heftig oszillierenden und vibrierenden Lichter.

BRUNO *(zu UIQ)*

Na warte, Arschloch!

Wollen wir doch mal sehen, ob du mich noch lange so rummanipulieren kannst!

UIQ stößt ein Wimmern aus.

UIQ *(off)*

Es ist nicht meine Schuld! Sie liebt mich nicht mehr, ich bin wirklich unglücklich, weißt du? Hilf mir, ich flehe dich an!

BRUNO *(zu UIQ)*

Dir standen fünfzigtausend Mittel zur Verfügung, um anders damit klarzukommen!

UIQ *(off)*

Natürlich stehen mir viele Mittel zur Verfügung, sogar ganz beträchtliche, aber nur, wenn es sich um Wissenschaft und Technik handelt. Wenn es um Gefühle und Leidenschaften geht, bin ich komplett verloren … Sie liebt mich nicht mehr, Janice liebt mich nicht mehr. Meine Leiderfahrung ist inkommensurabel. Das wirst du niemals verstehen können. Und niemals werde ich es beenden können. Niemals, niemals …

BRUNO *(zu UIQ)* 78

Halt die Schnauze!

Bruno rennt davon. Nach und nach gehen die Laternen aus.

79. STRASSE - AUSSEN, NACHT 79

Weil sämtliche Lichter ausgegangen sind, bleiben alle Autos auf der Straße stehen. Axel, der Janice am Arm hinter sich herzieht, springt plötzlich auf ein Fahrzeug zu. Er reißt die Tür auf, zerrt den Fahrer mit Gewalt aus dem Wagen und setzt sich hinter das Steuer.

AXEL *(zum Fahrer)*

Hau ab, das ist ein Notfall!

Er rast los und erst, als er in den Rückspiegel schaut, bemerkt er auf der Rückbank ein Baby in einem Kindersitz. Er legt den Rückwärtsgang ein. Mit einer Hand hält er das Lenkrad, mit der anderen löst er den Sicherheitsgurt des Babys.

AXEL *(zum Fahrer)*

Hier hast du deinen Balg zurück!

Als er wieder losfährt, sieht man Bruno angerannt kommen. Axel startet durch, und weil alle Ampeln ausgefallen sind, legt er einen schwindel-

erregenden Slalom zwischen allerlei Hindernissen hin, benutzt den Gehsteig, kippt auf zwei Räder … 79

Plötzlich, in der Nähe der Fabrik, ist die Straße durch Feuerschalen blockiert.

Axel bremst abrupt.

POLIZIST 1

Weiterfahren verboten!

AXEL

Was ist denn da los?

POLIZIST 1

Das geht Sie nichts an!

POLIZIST 2

Wer sind Sie? Ihre Papiere!

Manu steigt aus einem Polizeitransporter, in dem sämtliche Bewohner der Fabrik sitzen, außer Erik. Sie geht zu Axel.

MANU

Da seid ihr ja. Ich fahre bei euch mit.

Sie steigt ins Auto. Verblüffte Polizisten. Axel setzt brutal zurück und öffnet die Beifahrertür. 79

AXEL *(zu Janice)*

Hau ab! Das ist zu gefährlich. Nimm Manu mit.

MANU

Nein, ich fahre mit dir mit!

Sie hat den Satz noch nicht ausgesprochen, da hat Janice sie bereits aus dem Auto gezogen.

JANICE *(zu Manu)*

Wo sind die Anderen?

Manu zeigt mit dem Finger auf den Polizeitransporter.

80. FABRIK - INNEN/AUSSEN, NACHT 80

Erik steht an einem Fenster und lenkt mit seinem Spiegel Lichtstrahlen auf im Hof verschanzte Scharfschützen der Polizei.

Mit dem Strahl zielt er auf den flüchtigen Lichtreflex eines Polizeihelms. Als er den trifft, kommt es zu einer extrem intensiven Entladung von Licht. Brüllend hält sich der Polizist die Hände vors Gesicht.

Mehrere Schüsse knallen, Eriks Spiegel zerbricht. Erik sammelt einige Scherben auf und hantiert so damit, dass er mehrere Strahlen zustande bekommt. Es erfolgen mehrere Lichtentladungen. 80

POLIZIST 3

Feuer einstellen! Rückzug!

Die Scharfschützen ziehen sich zurück, als Axel den Hof betritt.

POLIZIST 3

Was machen Sie hier?

AXEL

Geht dich 'n Scheißdreck an.

Beinahe kriegt Axel eine Entladung ab.

AXEL *(zu Erik)*

Hör auf mit dem Scheiß und lass mich durch!

Sobald er die Stimme von Axel erkennt, legt Erik seine Spiegelscherben beiseite, greift sich Freds Äffchen und wiegt es hin und her. Axel klettert die Fassade hoch und lässt sich durch ein Fenster ins Labor gleiten.

ERIK *(auf die Spiegelscherben zeigend)*
Franz ist da …

UIQ *(off)*
Und Dominik haben sie getötet.

ERIK
Stimmt doch gar nicht, das ist nicht wahr. Was hast du denn vor?

UIQ *(off)*
Sie haben Franz und Dominik umgebracht.

ERIK
Halt den Mund, du weißt ja nicht, was du sagst. Die zwei sind bei mir!

UIQ *(off, brüllend)*
Ich sage dir: Sie sind tot!

AXEL
Beruhigt euch alle beide. Hört mit eurem Schwachsinn auf, dafür ist jetzt nicht der richtige Zeitpunkt. Macht euch bereit, wir müssen verschwinden.

UIQ *(off, brüllend)*

Verschwinden? Soll das ein Witz sein? Das kommt nicht in Frage, sie haben Franz umgebracht!

UIQ erscheint in Form eines lebensgroßen Hologramms.

AXEL

Hör zu, beruhige dich. Wir werden uns woanders niederlassen.

UIQ

Was? Willst du Janice und mich trennen?

AXEL

Vorübergehend. Bis wir uns in einer ruhigeren Ecke niedergelassen haben.

UIQ

Ich will sie aber nicht verlassen.

AXEL

Davon ist ja auch gar keine Rede. Sie stößt doch wieder zu uns!

UIQ

Wo ist Janice? Warum ist sie nicht hier?

AXEL
Sie konnte nicht kommen, hier sind überall Bullen!

UIQ
Um die Bullen kümmere ich mich schon!

AXEL
Lass gut sein! Findest du nicht, dass es langsam genug ist?

Plötzlich erscheint UIQ in einer weiteren Form, zusätzlich zu seinem Hologramm, auf einem großen Bildschirm: als Gesicht. Beide Manifestationen des Universum-Infra-Quark reden gleichzeitig.

UIQ *(auf Bildschirm)*
Dominik! Sie haben Dominik getötet!

Er jammert.

AXEL
Du bist doch intelligent und in der Lage zu verstehen, dass wir in der Scheiße stecken. Du musst mir helfen, sonst knallen sie uns alle ab. Willst du das?

UIQ-Hologramm
Aber du musst auch mich verstehen. Was du von mir verlangst,

ist eine Katastrophe für mich. Wenn man mich von Janice trennt, ist das so, als wäre sie tot. Denn ich kann mich so, wie ich mit ihr bin, unmöglich wiederfinden, wenn sie sich von mir entfernt. 80

AXEL

Du irrst dich. Mach dir keine Sorgen.

UIQ

Willst du den Kontakt wirklich abbrechen?

AXEL

Lass mich ausreden und hör mir zu! Ich werde wieder von derselben Relais-Stammzelle ausgehen, von der hier.

(seine Ampulle zeigend)

Ich werde ein neues Labor aufbauen …

UIQ

Und ist Janice dann auch da?

AXEL

Das verspreche und schwöre ich dir.

UIQ

Und Steve und Jennifer und die Anderen? Manu?

AXEL

Ja, absolut!

UIQ

Wenn ich Janice verlieren würde, wäre das schrecklich, furchtbarer als es sich irgendein menschliches Wesen jemals vorstellen könnte. Mir würde nur der Schmerz bleiben. Und wenn man keinen Körper hat, keine Möglichkeit einer Lokalisierung, wenn man nicht sterben kann, die Sache nicht beenden kann, dann ist Schmerz …

AXEL

Ja, das weiß ich alles! Komm jetzt!

UIQ

Warte noch … Lass mich nicht zurück. Was ist passiert? Ich will verstehen.

AXEL *(erschöpft)*

Hör zu, bisher konnten wir immer noch alle Schwierigkeiten überwinden. Was ist denn im Grunde passiert? Wir haben uns an dieser Geschichte mit der Eifersucht aufgehängt, richtig? Das ist doch rein gar nix. Ich schlage vor, dass wir die Frage noch einmal anders angehen, später, wenn wir wieder mehr Ruhe haben.

UIQ-Hologramm

Ja, wir werden das anders angehen. Diese Beziehung hätte ein paar Ladungen Humor gut vertragen und auch andere Bilder. Dass ich diesen Typen getötet habe, das ist schlimm, oder? Ich meine das gar nicht seinetwegen! Das ist mir wurscht. Aber wegen Janice. Wird sie mich noch lieben?

AXEL

Denk da für den Augenblick nicht dran.

ERIK

Nein, sie haben Francis und Dominique nicht umgebracht.

(mit zwei Spiegelscherben herumfuchtelnd)

Schaut, da sind sie.

AXEL *(zu Erik)*

Ich flehe dich an, Erik, hilf mir, mach die Dinge nicht noch komplizierter, komm raus aus deinem Traum.

Kehrtwende bei Erik, plötzlich spricht er ganz normal, mit Nachdruck.

ERIK *(zu UIQ)*

Los, verschwinden wir. Du gehst mit Dominik und ich nehme Franz mit.

(die zwei Spiegelscherben schwenkend)

Siehst du sie?

UIQ-Hologramm

Ja, ich sehe sie.

ERIK

Dann nimm sie mit. Wir sehen uns dann dort wieder.

Bruno kommt ins Labor geplatzt. Er taumelt, ist außer sich, rammt Axel einfach weg und stürzt sich auf die Stammzellen-Ampulle. Axel versucht, dazwischen zu gehen, doch Bruno wirft ihn erneut zu Boden, mit unerhörter Kraft, dann nimmt er sich einen Bunsenbrenner, zündet ihn und verbrennt die Ampulle.

AXEL

Tu das nicht!

UIQ-Hologramm und UIQ-Monitorgesicht zerfallen in Rosettenmustern. Erik nimmt einen Hammer und schlägt ihn Bruno von hinten auf den Kopf. Bruno wirbelt herum und verbrennt ihm die Hand. Erik lässt zwar den Hammer fallen, antwortet aber mit heftigen Kopfstößen.

AXEL *(zu Erik)*

Lass gut sein, komm!

Das Labor fängt Feuer, das Äffchen verbrennt, von den Flammen eingeschlossen, und stößt dabei schrillste Schreie aus. 80

Vom Hof dringt das Geräusch festen Gleichschritts herauf, die Polizisten rücken wieder vor.

AXEL

Erik, komm!

Erik hört nicht auf ihn. Trotz seiner schweren Verbrennungen schlägt er weiter auf Bruno ein, der zusehends schwächer wird.

Während der Morgen anbricht, flieht Axel über die Dächer der brennenden Fabrik.

81. INTERNATIONALE KOMMISSION - INNEN, TAG 81

In dem großen Raum sind all die komplexen technischen Apparate - Computer, Monitore usw. - unbesetzt. Die Kommissionsmitglieder sitzen um einen Tisch und hören dem Präsidenten zu.

PRÄSIDENT

Meine Herren, sämtliche Störungsphänomene haben aufgehört. Dennoch empfehle ich Ihnen weiter allerhöchste Wachsamkeit.

MITGLIED 1

Selbstverständlich, Herr Vorsitzender.

MITGLIED 2

Ja, aber aus welchem Grund, wo doch alles aufgehört hat?

PRÄSIDENT

Wir verzeichnen zum Beispiel einen besorgniserregenden Anstieg von … äh … Purpura.

Er wendet sich einem der Wissenschaftler zu.

WISSENSCHAFTLER 1

Dabei handelt es sich um eine Erkrankung der Blutgefäße, die üblicherweise recht harmlos verläuft, die aber derzeit in einer vollkommen atypischen Form auftritt.

PRÄSIDENT

Die WHO muss informiert werden!

WISSENSCHAFTLER 1

Herr Vorsitzender, es ist ja gerade die WHO, die diesbezüglich Kontakt zu uns aufgenommen hat; sie können die Ursache dieser rätselhaften Epidemie nicht ermitteln.

WISSENSCHAFTLER 2 81

Wir müssen zugeben, Herr Präsident, dass wir es mit einem ganz außergewöhnlichen Phänomen zu tun haben. Gestatten Sie, dass ich einige Dokumente zeige?

Der zweite Wissenschaftler zeigt Fotos von kranken Personen, deren Körperflecken eindeutig die Form eines Gesichts angenommen haben. Die Kommissionsmitglieder sind sehr beeindruckt. Sie erkennen UIQs Gesicht wieder, so, wie es immer auf den Fernsehbildschirmen erschienen war.

PRÄSIDENT

Ja, das ist merkwürdig. Sehr merkwürdig, in der Tat.

82. UNBEKANNTE WOHNUNG - INNEN, TAG 82

Jennifer im Lotussitz, in einem vollkommen leeren Zimmer. Manu kommt herein. Sie setzt sich Jennifer auf die Knie, drückt sich gegen sie und lehnt den Kopf an ihre Schulter. Jennifer unterbricht ihre Meditation und spricht sanft zu Manu.

JENNIFER

Was hast du?

MANU 82

Wo ist Janice?

JENNIFER

Das weiß ich nicht, sie wird wiederkommen.

Manu schiebt Jennifer ihre Hand auf dem Rücken unter den Pullover. Sie hält inne, als sie etwas Merkwürdiges ertastet.

MANU

Was hast du da?

Jennifer versucht, mit der Hand an die Stelle auf ihrem Rücken zu kommen. Weil sie das nicht schafft, zieht sie den Pullover aus und stellt sich vor einen Spiegel.

Sie stößt einen entsetzten Schrei aus, als sie entdeckt, dass ihr auf dem Rücken eine Art von Schuppen gewachsen sind.

83. KRANKENHAUS - INNEN, TAG 83

Ein Kind mit verzerrtem Gesicht, dem ein Arzt soeben eine Sauerstoff-maske aufsetzt. Der Körper des Kindes sieht aus wie der eines Fischs. Ein zweiter Arzt betritt den Raum und wedelt mit einem Blatt Papier.

ARZT 2 83

Es ist das Gegenteil von dem, was wir angenommen haben; es handelt sich um eine Überversorgung mit Sauerstoff.

Der erste Arzt zieht dem Kind die Sauerstoffmaske wieder ab. Sofort gleitet das Kind eigenständig zurück in eine Badewanne. Der Arzt öffnet beide Wasserhähne. Das Kind tummelt sich im Wasser wie ein Fisch.

84. KRANKENHAUS - AUSSEN, TAG 84

Schlange stehende Krankenwagen. Männer, Frauen und Kinder, deren Köpfe in mit Wasser gefüllte Schüsseln getaucht sind, werden auf Bahren transportiert.

ARZT 3

Es ist erstaunlich festzustellen, mit welcher Geschwindigkeit sich die Lungen in Kiemen verwandeln.

KRANKENPFLEGER

Noch beeindruckender ist, wie die neuen Mutanten unempfindlich geworden zu sein scheinen gegen Müdigkeit, Kälte und Schmerz.

ARZT 3

Das kommt sicherlich von einer Überversorgung mit Endorphinen. Das müsste dosiert werden.

85. INTERNATIONALE KOMMISSION - INNEN, TAG 85

Der Kommissionsbeauftrage hinter seinem Schreibtisch. Mit Hilfe eines großen Schwamms besprenkelt ihn seine Sekretärin ständig mit Wasser.

BEAUFTRAGTER

… Sie können mir glauben, meine Freunde, ich verstehe sie und ich unterstütze sie. Also fassen sie ihre Anliegen zügig zusammen, ich habe keine Zeit zu verlieren.

Robert kommt ins Bild. Er hat die behaarten Schlappohren eines Hundes.

ROBERT *(bellend)*

Was uns betrifft, ist es nicht kompliziert, und da werden wir auch nicht nachgeben. Was wir wollen, ist Folgendes: Erstens, Abschaffung der Triage-Lager und Tierheime …

STEVE

Ja, die sind absolut ungesetzlich …

Er hat Fliegenaugen, das Bild, das er sieht, ist wabenmäßig vervielfacht.

ROBERT

Zweitens, Abschaffung von Berufsverboten und Geschlechterdiskriminierungen. Drittens fordern wir Sitzstangen in Fahrstühlen.

Mehrere Telefone fangen an zu läuten, der Kommissionsbeauftragte greift einen der Hörer. 85

BEAUFTRAGTER

Hallo! … Ja, warten Sie …

(zur Sekretärin)

Wasser, Wasser, ich vertrockne!

Die Sekretärin verdoppelt ihren Eifer beim Besprenkeln. Als Zeichen seiner Dankbarkeit tätschelt der Kommissionsbeauftragte ihren Hintern mit einer Tentakel.

SEKRETÄRIN

Oh, Herr Beauftragter!

Robert und Steve schicken sich an, über einen Flur zu gehen. Fred ruft sie von weitem.

FRED

Robert! Steve!

Sie drehen sich um.

FRED *(die beiden musternd)*

Scheiße, ihr auch!

STEVE

Und du hast nichts?

FRED *(an sich herunterschauend)*

Nicht, dass ich wüsste. Jedenfalls bis jetzt nicht!

ROBERT

Du hast Jennifer noch gar nicht Guten Tag gesagt!

Er streckt den Arm aus, auf dem man eine Schnecke sieht.

Fred schaut verdattert.

ROBERT

Und was machst du hier?

FRED *(vertraulich tuend)*

Wir arbeiten an dem ganzen Zeug.

STEVE

Wie?

ROBERT

Ihr könnt nur Schwachsinn machen und sagen.

Solange wir nicht wieder Kontakt zu UIQ aufnehmen, bleibt alles dieselbe Scheiße, das habe ich deinem Kraken-Chef auch genauso gesagt.

FRED

Kommt mal mit. Ich freue mich riesig, euch wiedergefunden zu haben.

Aber momentan ist das hier Top Secret. Kann ich mich auf euch verlassen?

STEVE

Natürlich, natürlich.

Er führt die beiden bis zu unterirdischen Korridoren, bewacht von Sicherheitsleuten, denen er eine spezielle elektronische Karte zeigt.

FRED

In Wahrheit - das kann ich euch sagen - haben wir längst wieder Kontakt aufgenommen.

Wir haben die Stammzelle nachgebildet und das Labor wieder aufgebaut.

ROBERT

Und warum sagt ihr das dann nicht?

FRED

Weil sich noch nichts geändert hat! Wir konnten nicht das Geringste herauskriegen, er ist vollkommen bockig.

Sie kommen bei einer gepanzerten Tür an. Fred betätigt eine Gegensprechanlage.

FRED

Hallo, Fred Newman hier, ich bin in Begleitung von Robert Muhler und Steve Johnson …

STIMME *(off)*

Wer sind diese Personen?

FRED

Zwei Männer aus der Kommune, ehemalige Freunde von UIQ. Sie könnten uns sehr nützlich sein.

STIMME *(off)*

In unserer Situation … Kommen Sie rein!

Die Tür öffnet sich automatisch.

Ein gutes Dutzend abgearbeiteter Menschen (Wissenschaftler und Techniker der Kommission, die wir zuvor schon gesehen haben; einige von ihnen Mutanten) drehen sich zu Robert und Steve um. 85

Auf dem Monitor des Elektronenmikroskops sind wieder die Zellkörperchen mit ihrem rhythmisch-fluoreszierenden Aufleuchten zu sehen.

Keine anderen Bilder.

FRED

Gibt's was Neues?

MANN 1

Nichts. Der Kontakt ist hergestellt, mehr können wir nicht sagen.

STEVE

Sind Sie sicher, dass es UIQ ist? Ich meine: dass es sich tatsächlich um unseren handelt?

FRED

Ganz sicher! Kein Zweifel möglich. Ich werde versuchen, mit ihm zu sprechen.

Er setzt sich vor ein Mikrofon.

FRED

Hör mal, UIQ, Steve und Robert sind hier, du erinnerst dich

doch an sie. Möchtest du mit ihnen sprechen?

Ein Satz schreibt sich als Einblendung über die Zellkörperchen: ›No Comment‹.

Fred dreht sich zu Robert und Steve um.

FRED

Seit acht Tagen geht das so! ›No Comment‹, ›No Comment‹, das ist alles, was wir kriegen.

Robert geht zu dem Mikrofon.

ROBERT

UIQ, ich bin's, Robert. Im Namen dessen, was einmal unsere Freundschaft war, so kannst du nicht weitermachen, du musst etwas unternehmen, um uns aus der Scheiße zu holen. Guck dir an, was aus mir geworden ist, schau dir meine Fresse an! Und sieh dir Jennifer an, du erinnerst dich doch an Jennifer?

Ein unterdrücktes Kichern ist zu hören. Währenddessen ordnen sich die Zellen anscheinend wieder zu einem Gesicht an.

Freudiger Applaus im Raum.

MANN 1

Er reagiert, er reagiert!

ROBERT

Was ist denn mit euch los?

FRED

Er reagiert, das ist wunderbar.

ROBERT

Von wegen Reaktion.

(zu UIQ)

Wir sind zu Millionen entstellt, verstümmelt, gebrochen, und du lachst? … Das ist nicht in Ordnung, das ist überhaupt nicht in Ordnung.

Wieder schreibt sich derselbe Satz: ›*No Comment*‹. *Das Bild wird, wie es vorher war. Vehemente Proteste gegen Robert.*

TECHNIKER 1

So hätten Sie nicht mit ihm reden dürfen! Sie haben alles verdorben!

TECHNIKER 2

Scheiße, er macht ihm Schuldgefühle! Mit solchen Idioten werden wir nie ans Ziel kommen!

ROBERT

He, du da, weißt du überhaupt, mit wem du sprichst? Du sprichst mit dem Nationalen Sprecher der Mutanten.

Der Mann fordert Robert mit einem Zeichen auf zu schweigen und hebt sein Hemd an. Man sieht nicht, was er zeigt, aber offensichtlich ist es furchtbar.

Steve kann nicht an sich halten und übergibt sich.

ROBERT

Also so was! Ich bitte dich um Verzeihung, Genosse.

(zu UIQ)

Lachst du auch darüber? Das ist eine Schande, das ist ein Skandal! Ich sage, das ist untragbar! Wir verlangen, dass du umgehend Maßnahmen ergreifst, damit jeder von uns wieder … äh …

JEMAND

… seinen Look wiederkriegt.

ROBERT

Ja, ganz genau: damit jeder von uns seinen Look wiederkriegt!

WISSENSCHAFTLER 1 *(mit Fred tuschelnd)*

Dein Kumpel ist ja total bekloppt.

FRED *(verlegen)*

Nein, nein, das ist ein prima Typ, er ist grundehrlich und UIQ vertraut ihm.

WISSENSCHAFTLER 1 *(zu Robert)*

Vielen Dank für Ihre Mitarbeit, Sie haben uns sehr geholfen.

Steve drängt Robert beiseite, um seinen Platz einzunehmen.

STEVE

Hör zu, UIQ, ich verstehe dich und ich mache dir auch keinerlei Vorwürfe …

(Naheinstellung auf seine Fliegenaugen, in ihren Facetten spiegeln sich vielfach die Kommissionsmitglieder, die meisten von ihnen fassen sich verzweifelt an den Kopf)

Was du getan hast, hast du geglaubt, tun zu müssen und an deiner Stelle hätte ich vielleicht genauso gehandelt. Und doch müssen wir das Problem neu bewerten. Gibt es denn keine andere Möglichkeit? Was ist denn im Grunde die eigentliche Frage? Sprechen wir es offen aus, wir sind ja hier unter Freunden: Du hattest einen Anfall von Wahnsinn.

(in allen wabenartigen Facetten ist zu sehen, wie sich sämtliche Kommissionsmitglieder mit dem Zeigefinger gegen die Stirn tippen)

Und siehst du, die Eifersucht, das können wir dir sagen, die kann manchmal zu furchtbaren Dingen führen …

ROBERT

Sie führt immer zu den schlimmsten Schweinerein, angefangen mit dem Kapitalismus!

FRED

Warte, lass Steve ausreden …

STEVE

Ja, denn das, was ich dir erklären möchte, ist kompliziert. Als du mit uns Kontakt aufgenommen hast, da warst du wie ein Kind, da hast du gedacht, alles wäre einfach, und es stimmt ja auch, dass alles, was sich zwischen uns ereignet hat, wunderbar war. Was wir alles zusammen gemacht haben! Und dann hast du dich in Janice verliebt, da ist es dann gekippt.

Das ist in gewissem Sinne normal, leider warst du darauf nicht vorbereitet. Ich weiß nicht wirklich, wie das in deinem Universum abläuft, aber hier ist die Liebe immer etwas, das alles in Frage stellt und das einen sogar verrückt machen kann …

Plötzlich erscheinen als Einblendungen auf den Zellkörperchen nacheinander ein Quadrat, ein Kreis, ein Dreieck und schließlich ein

Wort: ›Janice‹, danach eine ultra-schnelle Abfolge von Zahlen und Algorithmen. Alle im Raum stehen auf, große Ergriffenheit. 85

WISSENSCHAFTLER 2

Senden Sie die Formeln umgehend an die Abteilung für Computergestützte Entschlüsselung!

86. KRANKENHAUSFLUR UND KRANKENZIMMER - INNEN, TAG 86

Uniformierte Wachleute im Dienst vor einem Zimmer, eine Krankenschwester kommt, ein Wägelchen vor sich herschiebend, die Männer öffnen der Frau die Tür.

Drinnen ist Janice zu sehen, sie trägt ein einfaches Hemd, neben ihr sitzt Axel zusammengesunken auf dem Bett. In einer Ecke steht der Präsident der Internationalen Kommission.

KRANKENSCHWESTER *(zu Axel)*

Rücken Sie ein Stück, ich muss sie rasieren.

AXEL

Nein.

JANICE

Das mache ich lieber selbst.

Sie nimmt sich das Rasierzeug.

KRANKENSCHWESTER

Wie Sie möchten.

Die Krankenschwester verlässt das Zimmer.

AXEL

Dazu darfst du nicht deine Zustimmung geben.

PRÄSIDENT *(zu Axel)*

Aber was sollen wir denn sonst machen? Er will ausschließlich mit ihr sprechen, ganz direkt, ohne irgendeine Vermittlung. Diese Operation ist die Bedingung für eine Rückkehr zum Normalzustand … Das stimmt doch nachdenklich, oder? Wir sind Fräulein Janice Cellini äußerst dankbar für ihr, ich will nicht sagen: ›Opfer‹, denn es handelt sich nicht um ein Opfer, aber für ihre … ihre … Uneigennützigkeit!

JANICE *(müde)*

Schnauze!

PRÄSIDENT

Na schön, na schön.

AXEL

Ich bin strikt gegen diesen Eingriff! Das ist vollkommen unverantwortlich, was Sie vorhaben, ist vollkommen unverantwortlich. Wir müssen abwarten, so lange, wie nötig, UIQ braucht uns, er wird sich zwangsläufig an uns wenden und dann wird alles in Ordnung kommen! Ein Hirnimplantat ist völlig inakzeptabel …

PRÄSIDENT

Beruhigen Sie sich, mein junger Freund. Ich verstehe Ihre Argumente, Sie wollen warten, aber wie lange? Das können wir uns nicht erlauben. Wie viele zusätzliche Mutationen würde uns das kosten? Wissen Sie, wie viele es pro Tag gibt? Siebzehn Millionen! Also …

(sich zu Janice wendend)

Fräulein, das ist eine große Geste von Ihnen, eine ganz große Geste!

JANICE

Wenn Sie wüssten, wie mir Ihre siebzehn Millionen Vollidioten am Arsch vorbeigehen!

PRÄSIDENT

Ich verstehe Sie ja, mein Fräulein, ich verstehe Sie.

AXEL

Du hast Recht, die sind uns scheißegal. Lass es sein, lass uns abhauen!

PRÄSIDENT

Warten Sie, wir waren uns doch einig …

JANICE

Schon gut, Opa, keine Sorge. Ich mach' mich nicht aus dem Staub …

PRÄSIDENT

Danke, Fräulein, im Namen aller, danke nochmals.

JANICE

Und jetzt zieh Leine. Du gehst mir auf den Sack.

Der Präsident verlässt rückwärtsgehend den Raum.

PRÄSIDENT

Sicher, mein Fräulein, sicher.

Janice steht auf, nimmt das Rasierzeug und macht sich vor einem Spiegel ans Werk. Haarsträhnen fallen zu Boden. Axel fängt an zu schluchzen.

JANICE

Lass mich, Axel. Geh. Auch für mich ist es hart. Mach nicht alles noch komplizierter.

AXEL

Wieso gehst du auf diese widerliche Erpressung ein? Wir müssen nur warten, bis er sich wieder beruhigt hat, das ist alles.

JANICE

Du hast nichts begriffen. Das ist eine Angelegenheit zwischen ihm und mir, er wird es nie wieder hinnehmen, dass sich jemand anderes einmischt.

Die Tür geht auf, ein Beamter mit Papieren tritt ein.

BEAMTER

Ich soll Sie noch eine Entlastungserklärung unterschreiben lassen, eine reine Formalität.

JANICE

Geben Sie mir einen Stift.

Sie unterschreibt.

JANICE 86

Jetzt möchte ich, dass man mich allein lässt.

Aufgewühlt gibt sich Axel geschlagen und lässt sich von der Krankenschwester und dem Beamten aus dem Zimmer führen.

87. FLUR, OPERATIONSSAAL - INNEN, TAG 87

Schlafend, mit rasiertem Schädel, wird Janice auf einer Bahre in einen Operationssaal geschoben, wo das chirurgische Team schon bereitsteht, um einen Bildschirm geschart, alle betrachten das elektronische Schema eines Gehirns, auf dem eine sehr große Anzahl von Leuchtpunkten zu sehen ist. Ein Chirurg zeichnet ein Gitternetz auf Janices Schädel.

Ein anderer Chirurg hantiert mit Hilfe von Miniaturzangen mit Mikro-Implantaten. Er hebt ein Reagenzglas gegen das Licht, die Mikro-Implantate funkeln wie Eisenspäne.

CHIRURG 2 *(zum Assistenten)*

Mein lieber Schwan! Wenn sie das erstmal in der Birne hat …

ASSISTENT

Sagen Sie, Professor: Ist das absolut irreversibel?

CHIRURG 2 87

Das auf jeden Fall!

Er streckt beide Arme zur Decke aus.

Er wird zum Operationstisch gerufen.

CHIRURG 2

Nun denn, wenn's losgeht, geht's los.

Auf einem Scanner ist zu sehen, wie sehr feine Nadeln tief in das Gehirn eindringen.

88. KRANKENZIMMER - INNEN, TAG 88

In totaler Stille betrachtet Janice in einem Spiegel ihren rasierten Schädel und die Operationsspuren auf ihrer Kopfhaut.

Ganz nah, ohne sich zu rühren, ohne der sich beschlagenden Oberfläche Aufmerksamkeit zu schenken. Naheinstellung ihrer starren Augen mit erweiterten Pupillen im Ausdruck extremer Angst.

Überblendung auf Janice, wie sie regungslos auf einem Stuhl sitzt und aus dem Fenster schaut. Ihre Haare sind ein ganz kleines bisschen gewachsen. Hinter ihr stehen Axel, Fred und Robert. Die bewegen ihre Lippen, aber was sie sagen, ist nicht zu hören. 88

----

89. KRANKENHAUSGARTEN – AUSSEN, TAG 89

Janice geht barfuß, mit einem Hemd bekleidet, eine Allee entlang. Sie streicht sich mit der Hand über den Kopf, ihre Haare bilden den Schatten eines Flaums.

JANICE

Wir werden nach Hause gehen … Was hat er gesagt? Er kommt morgen wieder. Was hat er gesagt? Morgen.

Beim letzten Wort hat sich Janices Stimme vollkommen verändert, es ist eine sehr kehlige Männerstimme.

90. STRASSE IN DER STADT – AUSSEN, TAG 90

Die Straße ist seltsam menschenleer und sonnendurchflutet.

STIMME *(off, eintönig, bei einzelnen Worten ihr Timbre ändernd)*

Nein, nicht jetzt … Sie haben wieder Lärm gemacht … Hörst du sie? Ich hätte es ihm sagen sollen … Er hatte es mir gegeben … Es ist Zeit für Kaffee und Kuchen … Das war weiter oben … Davon hatte ich etwas aufbewahrt … Es geht weiter … Hinter der Tür …

Es wird klar, dass es Janice ist, die spricht, beim Gehen.

JANICE

Ich wusste nicht … Er ist zurückgekommen … Sie wird waschen … Und er spricht mit mir … Ich glaube, er ist da … Das wird ihn interessieren … zu Hause … Nein, das ist nicht meine Schuld, wenn ich es nicht gesagt habe, dann deshalb, weil ich es nicht gesehen habe … Ich werde hingehen … Das ist nicht dasselbe … Es hat nicht wehgetan … Außerdem dauert es lang … Lass mir die Flasche … Das wollte ich ja / Ich hätte gern …

Sie kommt zu der Straße, die zur Fabrik hin ansteigt.

JANICE (Fortsetzung)

Sie haben alles dagelassen … Das ist nicht dasselbe … Wir geben ihm … Die hat so viel davon … Ich wollte ja … Wir werden alle Zeit der Welt haben …

Das regt die auf … Das hat keine Bedeutung … Sie hat nichts gesehen … Vielleicht erwarte ich ein Kind; wenn dem so ist, dann soll das auch etwas verändern … Sie werden Vorhänge angebracht haben … Es gibt die Augen … Wenn du willst … 90

Als sie auf dem Flachdach ankommt, ist sie schweißgebadet, ohne sich besonders angestrengt zu haben. Sie knöpft ihr Hemd auf.

Weiterhin vollkommen emotionslos.

JANICE (Fortsetzung)

Warte … Wir haben sie aussortiert … Das habe ich erwähnt … Nicht das … Ich erinnere mich … Sie hat das geguckt …

In aller Ruhe läuft sie die Dachkante entlang.

JANICE (Fortsetzung)

Das ist möglich … Er wollte … Ich weiß nicht, wo ich es hingetan habe … Er hat viel geredet … Nochmal anfangen … Grau und blau …

Sie schaut in die Tiefe, ohne eine Regung zu zeigen.

JANICE (Fortsetzung)

Er hätte … Es gibt keinen Grund … Wir können auf ihn warten … Das ist möglich.

Sie springt kopfüber in die Tiefe. 90

Wir hören den Aufprall, als sie auf dem Beton aufschlägt.

Einige Sekunden später bildet sich eine Blutlache um ihren Körper. Schweigend steht sie wieder auf, streicht sich mit der Hand über den Kopf und geht weiter.

JANICE *(mit eintöniger Stimme)*
Er sollte ihr wenigstens den Tod zurückgeben.

ENDE